우리 아이
첫 독립육아

우리 아이
첫 독립 육아

초판 1쇄 인쇄 2021년 10월 25일
1쇄 발행 2021년 11월 10일

지은이 황금주

펴낸이 우세웅
책임편집 박관수
기획편집 한희진, 김은지
콘텐츠기획·홍보 전다솔
북디자인 박정호

종이 페이퍼프라이스(주)
인쇄 동양인쇄주식회사

펴낸곳 슬로디미디어그룹
신고번호 제25100-2017-000035호
신고년월일 2017년 6월 13일
주소 서울특별시 마포구 월드컵북로 400, 상암동 서울산업진흥원(문화콘텐츠센터) 5층 22호

전화 02)493-7780
팩스 0303)3442-7780
전자우편 slody925@gmail.com(원고투고·사업제휴)
홈페이지 slodymedia.modoo.at
블로그 slodymedia.xyz
페이스북·인스타그램 slodymedia

ISBN 979-11-6785-042-3 (03370)

메타버스시대 홈스쿨링 엄마들의
자녀교육 완벽 가이드!

우리 아이
첫 독립육아

황금주 지음

설렘

헌사

오랜 시간을 사랑과 인내로 함께 해준

남편과 두 아이들에게

이 책을 바칩니다.

추천사

이 책이 너무 좋다. 왜냐하면 아이들이 자기 자신의 고유한 존재로 살 수 있도록 독려하기 때문이다. 자신이 누구인지 메타인지하고 자기 재능으로 이 세상을 살라고 말하고 있다. 그 타고난 재능을 학교에서만 아니라 어디서나 개발하고 발전시킬 수 있다고 가르쳐 주는 책이다. 많은 부모들이 이 책을 읽을 수 있는 기회가 됐으면 좋겠다.

리사 손 교수, 컬럼비아 대학교 버나드칼리지 교수, 《메타인지 학습법》저자

'우리 아이들은 모두 인재(人才)다.'
다만 아이들의 타고난 재능을 함께 찾아보고, 기다리고, 응원해 줄 부모만 있다면 말이다.
자기주도적인 아이로 키우고, 행복한 가정을 꿈꾸는 부모라면 모두가 읽어야 할 필독서!

김태윤 작가, 《부모ヵ》, 《유대인 교육의 오래된 비밀》저자

자녀교육은 누구에게나 참으로 어려운 일이다. 특히, 입시 중심의 교육시스템에서는 자녀에게 집중하기가 더 어렵다.
자녀가 자라서 독립을 하고 개별적인 인격체로 성장하도록 돕는 교육이 정말로 필요한 시대에 저자의 〈우리 아이 첫 독립육아〉는 시야를 넓히고 미래의 방향을 제시하는 데 꼭 필요한 메시지를 담고 있다. 자녀의 건강한 독립을 목표로 하는 부모들은 필독하기를 권한다.

김남영 교수, 한국기독교홈스쿨협회 이사, 광운대 전자공학과 교수

진정 자녀의 행복을 바란다면, 현재 한국 교육에 대한 대안을 찾고 있다면, 아이 인생의 주인이 아이라고 생각한다면 당장 이 책을 집어 들어라!
당신이 갖는 자녀교육에 대한 현실적 두려움을 물리쳐줄 것이다. 교육서 100권 읽는 것보다 〈우리 아이 첫 독립육아〉한 권을 심독하길 권한다.

강환규 대표, 봄들애인문교육연구소 대표, 《스탠퍼드는 이렇게 창업한다》저자

〈우리 아이 첫 독립육아〉는 부모들을 위한 교과서다. 준비가 되지 않은 채 자녀양육이라는 숙제를 떠안은 부모는 학생과도 같다. 그러기에 부모들도 열정적으로 공부하고 끊임없이 배워야 한다.
많은 아이들의 스승으로 살았던 저자의 충고들이 여덟 명의 아이와 함께 살고 있는 환갑을 지난 나

에게도 깊은 공감을 갖게 한다.

당신이 이 땅에서 부모가 된 것은 큰 복이고 특권이다. 황금주 원장이 오랜 세월 교육하며 삶으로 기록한 이 책이 당신의 여정에 의미있는 이정표가 될 것이다.

김다윗 작가 <당신의 자녀도 거장이 될 수 있다>, <거장들의 학교>의 저자

저자가 오랜 시간 홈스쿨지원센터와 대안학교를 운영하면서 경험하고 실천해 왔던 것을 이 책에 녹여냈다. 독립육아는 자녀교육에 대한 불안감을 잠재우며 장기적인 관점에서 자녀교육을 볼 수 있게 도와줄 것이다.

어릴 때부터 자녀는 부모의 부속물이 아니라 독립된 인격체로 자라야 한다. 이 책은 아이가 자기주도적으로 독립적인 삶을 살아갈 수 있도록 준비시켜 주는 최고의 교육서다.

김형희 단장, 트러스트 무용단 대표,《우리는 초등학교만 다닌 치과의사, 무용가, 통역가입니다》저자

내용마다 담지하고 있는 지혜가 번뜩인다. 메시지마다 과거와 현재와 미래를 유쾌하게 관통한다. 처음부터 끝까지 일관되게 시대와 사회, 인류와 역사, 문화와 사람을 정확히 통찰한다. 이런 저자의 혜안이 놀랍다. 특히 "독립육아"라는 모티브를 중심으로 자녀양육과 교육의 문제를 풀어가는 본서의 제안은 이 땅의 모든 부모와 가정들에 커다란 울림을 준다. 이미 자녀를 다 키운 나 같은 사람도 새롭게 많은 깨달음과 도움을 얻었다.

임종원 작가, 전문 번역가, 홈스쿨 활동가. 임하영《학교는 하루도 다니지 않았지만》저자의 아버지

저자가 패러다임의 전환을 위해 노력한 10여 년의 여정이 적잖은 감동을 준다.

부모의 사명은 '아이의 고유성을 알아보고 가장 그답게 살아가도록 도와주는 것'이라는 말에 깊이 공감한다. 이 책은 아이의 고유성을 찾아가는 독립육아의 길에서 부모성장을 돕는 정말 귀한 책이다. '인간은 누구나 자신의 존재로 빛날 수 있다!'라는 구절이 귓가에 맴돈다.

옥봉수 작가,《자녀독립프로젝트》,《세상이 학교다 여행이 공부다》저자

〈우리 아이 첫 독립육아〉는 태어날 때부터 누구와도 비교할 수 없는 아이 본연의 독자적인 성격이나 재능, 독특한 특성을 인정해야 한다고 말합니다. 아이의 존재 자체에 감사하고 아이의 성장 가능성을 신뢰하며 부모는 자녀와 함께 성장해야 합니다. 이 책을 통해 한국의 부모들도 독립육아를 해낼 수 있으리라 믿으며 기쁘게 추천드립니다.

서봉금 교장, 전 학장중학교 교장

첫 아이가 태어나고 엄마의 역할을 맡게 된 나는 두려움과 설렘으로 시중에 나와 있는 많은 교육 관련 도서를 섭렵하기 시작했었다. 칼비테 교육으로 시작된 나의 독서 여정은 유대인 교육, 영재교육, 홈스쿨링과 대안학교를 경험하고 운영하기까지 나의 온 삶을 헌신하는 작업이었다.

두 아이가 독립하여 나의 든든한 지지자가 되기까지 수많은 시행착오를 겪어야 했다. 처음 엄마의 역할과 마주하게 해준 첫 아이의 양육은 실험일 수밖에 없었다. 그래서 다 컸어도 첫째에겐 항상 마음 한쪽이 애잔하고 미안하다.

요즘 들어 내가 사는 주변 중학교와 고등학교에서 연거푸 아이들의 자살 소식을 듣게 되었다. 그중 한 아이는 딸아이가 가르치던 유명한 외고 여학생이었다. 딸아이는 한참을 힘들어했다.

어딘가에서 누군가는 자기 생명을 내려놓을 만큼 한국 교육을 힘겨워한다. 우리나라만의 특별한 교육열이 오늘날 한국의 위상을 만든 것을 부인할 수 없다. OECD 국가 경제력 10위 정도로 잘살게 되었다면 이제는 아이들의 행복과 아이들 본연의 자아를 실현할 기회를 줘야 할 시기가 왔다고 여겨진다. 그렇게 한다고 경쟁력이 없는 사람이 되는 것도 아니다. 전세계가 아이들의 개성과 재능을 존중하는 것이 진정한 교육이라고 외치고, 그러한 교육을 실현하고자 고군분투하고 있다. 4차산업혁명시대 창의력과 독특한 개성이 주목받고 있는데 공부만이 길이라고 아이들 등 떠미는 행위는 시대에 맞지 않는다. 아이들이 부모의 의도대로 움직이는 존재가 아니라 독립된 인격체로 살아야 할 존재라는 것을 잊지 말아야 한다.

10년간 홈스쿨링 지원센터와 대안학교를 운영하며 수많은 아이와 부모를 만나왔다. 부모의 두려움은 고스란히 아이들의 두려움이 되었고, 부모의 조급함은 아이들에게 자신의 존재 가치를 알아보지 못하게 만들었다.

교육이라는 첫 단추는 부모의 자기 가치 인식에서 시작된다. 자신을 가치 없게 바라보는 부모는 자녀도 그렇게 바라본다. 자신이 못마땅하니 자신을 닮은 아이에게 보이는 독특함도 단점으로밖에 안 보인다. 끊임없는 훈육을 정당하다고 말하며 아이의 삶과 미래를 자기의 뜻대로 좌지우지한다.

나는 센터에 오는 부모들을 대상으로 자녀교육에 앞서 부모의 내면치유 수업을 시작했고 부모들이 변하기 시작했다. 자신의 가치를 알아보기 시작했고 자녀의 가치도 진심으로 인정하기 시작했다. 자녀의 개성과 재능을 알아보기 시작하자 교육은 아이들의 독특함을 인정해주고 인도하는 수월하고 즐거운 활동이 되었다.

인식의 전환은 쉽지 않다. 기존에 받은 교육과 생각, 신앙까지 결부되면 변화한다는 것은 정말이지 어려운 작업이다. 로버트 기요사키가 자녀교육법에서 말한 것처럼 1t의 돈으로도 1g의 인식을 바꾸기가 어렵다. 그러나 한 번 인식의 전환이 일어난 부모들은 그 이전의 삶을 바라보며 놀라곤 한다. 자신을 비난하며 자녀를 못마땅해하던 이전의 삶으로 돌아갈 생각이 사라진다.

이 시대 부모들은 자신의 부모에게 존재 고유의 가치를 인정받거나 조건 없는 사랑을 받은 기억이 많지 않다. 산업화의 물결 속에 일하기 바쁜 시대를 살아낸 우리의 부모들은 책임감으로 우리를 키워왔다. 우리의 부모도 조건 없는 사랑을 받아야 할 존재인 것을 알아야 하고, 이제 갓 부모가 된 새내기 부모들도 마찬가지다. 우리는 모두 존재만으로 가치 있는 사람들이다.

미래 교육을 이야기하며 우리보다 앞서 미래 교육의 디딤돌이 되어 준 많은 성공자와 선배들이 있어서 감사하다. 그들이 있었기에 경험하지 못한 미래를 볼 수 있었고 준비할 수 있게 되었다.

이 책을 집어 든 부모들은 공부하는 부모들일 거라 생각한다. 자녀의 삶과 미래 교육을 생각하는 겸손한 마음이 자녀교육서를 탐독하게 만든다. 난 공부하는 부모가 좋다.

배우려는 마음은 변화에 대응하여 미래를 준비하는 길이다.

당신과 자녀들이 건강하게 자라서 독립할 수 있는 길에 나의 경험과 미래 교육 이야기가 도움이 될 거라 믿는다.

교육의 목적은 아이가 나와 다른 객체로 독립적으로 서서 이 땅을 당당하게 걸어가게 하는 것이다. 이 책이 그 길에 작은 안내 책자가 되길 소망해 본다.

목차

3. 실전 독립육아

4. 독립육아의 여러 가지 방법들

5. 독립육아 실천기

·

PART 1

독립육아가
뭐예요?

1
독립육아가 필요한 시대

독립육아가 뭐예요?

잠시 독감처럼 왔다가 지나갈 듯하던 코로나가 벌써 2년째 사회와 가정의 일상을 바꿔 버렸다.

아이들도 곧 학교에 돌아갈 것으로 생각했지만 그렇게 생각하는 기간이 길어져 1년이 넘게 홈스쿨링을 해야 했다. 언제 정상적인 수업이 이뤄지고 아이들이 등교하게 될지 말할 수 없는 당황스러운 하루하루를 보내고 정상적인 수업을 기대하기가 어려운 기간이 있었다. 학교 시스템을 정비하고 인터넷 수업에 적응하느라 어영부영 보낸 1년이 지나고 부모들은 지난 코로나 시기의 학습 공백을 어찌해야 할지 고민이다.

그러나 코로나 사태에도 별 영향 없이 하던 일상대로 살아가는 아이들이 있다. 학교 교과목에 크게 영향받지 않고 자신이 하던 공부와 일상에도 큰 변화가 없다. 단지 학교에 안 갈 뿐이다. 학교 교과가 공부의 전부가 아닌 학생들이다. 자기가 원하는 공부를 찾아서 하는 아이들이다.

아이들이 하고 싶은 일들을 찾아서 하고, 읽고 싶은 책들을 찾아 읽으며 늘어난 시간을 즐긴다. 내가 운영하는 센터에 나오는 아이들은 블로그에 그날 한 일들을 올린다. 종이접기에 열을 올리고 있는 아이, 그림 그리기에 몰두하는 아이, 인문학에 꽂혀 몇 시간씩 책을 읽어대는 아이, 시를 짓는 아이. 그들의 얼굴만큼 다양한 할 거리를 가지고 하루하루를 즐기듯 산다.

내가 하는 일은 자신을 찾는 일을 쉬지 말라는 격려뿐이다. 엄마들에게 아이들이 커서 스스로 독립할 힘을 키울 수 있게 도우라는 말을 많이 한다. 내가 이렇게 된 것은 두 아이를 키운 노하우와 미래 시대를 바라보며 많은 전문가의 책을 읽고 나름의 결론을 내렸기 때문이다.

작년과 올해 코로나로 자녀와 지내는 시간이 늘어나며 많은 부모가 자녀교육에 대해 깊은 한계를 느꼈다. 학교 시스템을 따라 우와좌왕하다 시간이 다 가버렸다. 이런 상황을 바라보며 조바심을 내기보다 이젠 엄마들이 마음을 느긋하게 먹고 교육이 뭔지 근본적으로 깊이 생각할 시간이 왔다고 느낀다.

과연 교육이 뭘까?

교육은 학교 교과 공부와 동의어가 아니다. 교과 공부 잘해서 대학가는 게 교육의 전부가 아니라는 말이다. 명문대를 나와도 취업이 안되는 청년 실업을 우리는 올해 더 깊이 체감했다.

한국의 청년 대졸자 실업률은 OECD 37개국 중 28위로 하위권이다. 그런데도 한국 청년들의 고등교육 이수율은 2009년 60.6%에서 2019년 69.8%로 9.2% 올라 OECD 평균 8.6%보다 많이 증가했고, 2009년 이후 2019년까지 줄곧 OECD 1위를 차지했다. 대학은 나와야 한다는 생각이 아직도 한국인들에게 강하게 자리 잡고 있다는 말이다. 대학이 답이 아니라는 말을 아무리 이야기해도 좀처럼 바뀌지 않는다.

학교 교과를 따라가는 것이 교육인 양 생각하고 엄마들은 코로나 2년이 아이들에게 큰 학습 공백기를 남겼다고 불안에 떤다. 하지만 그럴 필요 없다. 멀리 떨어져서 보면 이런 특이한 경험을 우리 모두 해 본 것이다. 이런 경험이 미래를 앞당겼다고 말하는 이들이 많다. 뭔가 새로운 미래를 보고 준비할 수 있었다고 생각하면 불안할 게 없다.

더욱이 교육을 바라보며 더 실질적인 공부가 뭘까. 더 근본적인 교육이 뭘까 생각하는 계기가 된다면 우린 이번 기회를 통해 성장할 수 있다. 나와 자녀를 변화시킬 수도 있는 것이다.

아이들이 행복하게 자신의 재능을 찾아 몰입하고 성취할 기회를 줘 본 부모가 몇이나 될까?

어려서부터 아이가 뭔가 몰입해서 해 볼 만하면 부모는 잔소리를 시작한다.

"숙제해라. 학원가라. 이거 해라. 저거 해라."

몬테소리 여사는 "교육은 지식전달에 더 주력할 게 아니라 새로운 길을 선택해 인간 잠재력을 발산하게 해야 한다"라고 말했다.

아이들을 좀 믿고 내버려 둬라.

미국에 몬테소리 마피아로 불리는 부류가 있다. 아마존의 제프 베이 존스, 구글의 래리 페이지, 세르게이 브린, 마이크로소프트의 빌 게이츠, 빌 클린턴, 버락 오바마까지 미국의 내로라 하는 리더들이다. 이들 모두는 몬테소리 유치원 출신이다. 이렇게 말하면 한국 엄마들은 몬테소리를 명문 사립학교 일종으로 생각하고 몬테소리 유치원을 보내려고 할 텐데 사실 몬테소리는 그런 학교가 아니다.

〈평생 유치원〉의 저자 MIT대학 미첼 레스닉 교수는 몬테소리 유치원의 출중한 점을 자율, 몰입, 성취에 두고 있다. 아이들이 흥미를 보이는 놀이에 함께 집중하고, 새로운 시도를 하고, 아이들과 협력하고, 서로 다른 생각을 나누고, 다시 만들어 보는 반복적 과정을 높이 산다. 그와 같은 시스템이 창의성을 키우고 나아가서는 혁신을 이룬다는 의미에서다. 몬테소리 출신의 기업인들이 공통으로 말하길 자신들이 배워야 할 것들을 유치원에서 다 배웠다고 말하는 것은 이런 교육의 핵심 코어를 말하는 것이다.

교육이 뭘까? 아이들이 하고자 하는 바를 지지하고 펼칠 수 있는 장을 만들어 주는 것이다. 부모와는 다른 인격체로 이 땅에 왔으니 아이들을 존중하고 아이들이 자신의 삶을 살 수 있도록 돕는 것이다. 그들이 지금 좋아하는 것에 대해 인정해주고, 미래 가능성이 있다는 것을 믿게 하고 충분히 신뢰해 주는 것이다. 아이들은 부모의 그런 지지 속에서 자신의 삶을 펼쳐간다.

부모가 교과 공부에 코를 박고 있으면 아이의 가능성은 절대 보지 못한다. 내 아이의 창의성과 잠재력의 날개를 이젠 눈을 들어 봐야 할 때가 왔다.

마이크로소프트의 회장 빌 게이츠는 8학년(우리나라 중2) 때부터 컴퓨터 프로그램에 빠져 지냈다. 스스로 달착륙 게임을 만들어 보기도 하고 컴퓨터 사용 시간이 모자라자 친구들과 돈을 모아 DEC의 컴퓨터 사용 시간을 사기도 했다. 그는 오롯이 그가 좋아하는 일, 컴퓨터에 몰입하는 시간을 보냈다.

우리나라 어머니들이라면 어땠을까? 아들이 컴퓨터 게임 프로그램을 만들고 돈을 모아 컴퓨터 사용 시간을 따로 구입하고 친구들과 어울려 다닌다면 말이다. 빌 게이츠는 굉장히 자기주장이 강하고 고집스러운 아이였다. 얼마나 부모와 부딪혔는지 온 가족이 함께 심리 치료를 받으러 다니기까지 했다. 부모는 그런 빌 게이츠와 여전히 소통하고자 했고, 그들이 할 수 있는 최선으로 아들을 지지해줬다. 대학조차도 중간에 사업을 하겠다고 결정했기에 자퇴할 수밖에 없었다. 부모는 그런 그의 결정을 지지할 뿐 그의 선택을 나무라지 않았다. 선택과 책임은 그의 몫이었다.

나중에 그는 그런 지지를 보내 준 가족들에게 깊은 감사를 전했다.

자녀교육은 이런 것이다. 자녀를 나와 다른 인격체로 보고 이해하고 소통하고자 하고, 홀로 독립할 수 있도록 믿고 지지하는 것이다. 교육은 아이를 조종하고 부모가 계획한 길을 제시하는 것이 아니다. 아이만의 창의력과 잠재력을 신뢰해 줘서 자녀 스스로 인생의 주체로 서게 돕는 교육이 독립육아다. 자녀가 언제까지 당신의 보호 아래 있을 거라 생각하지 마라.

자녀는 언젠가는 날아오를 날을 기다리는 내 품 안의 자유로운 새다.

자녀교육의 최종 목표는 독립이다.

연세대 오은영 교수

02

4차산업혁명
무엇을 준비해야 할까?

클라우스 슈밥이 2016년에 세계경제포럼에서 "4차산업혁명"이라는 말을 처음 사용하였다. 18세기 산업혁명 이래 네 번째 중요한 산업시대라는 의미다. 이 시대 핵심은 빅데이터, 인공지능, 로봇공학, 사물인터넷, 무인 운송, 3D프린터, 블록체인과 같은 분야가 중심 기술로 등장한다. 이러한 기술 분야들은 인간의 삶을 더 편리하고 윤택하게 하겠지만, 어두운 면도 간과할 수 없다. 인간이 담당했던 일들을 컴퓨터나 인공지능이 감당하게 되면서 인간의 일자리가 점점 감소하게 될 것이다.

비즈니스 전략 전문가 와튼스쿨 교수 마우로 F. 기엔은 〈2030 축의 전환〉에서 10년 후 2030년에는 공장노동자보다 많은 산업용 로봇이 등장할 것이고, 인간 두뇌보다 많은 컴퓨터, 사람들보다 더 많은 감시장치, 국가들의 수보다 다양한 통화에 둘러싸일 것이라고 예견했다.[1] 중산층도 지금보

---

1) 마우로 기엔, 2030 축의 전환, 리더스북. p.10.

다 현저히 감소하리라 예측했다. 당장 10년 후에 맞닥뜨리게 될 미래의 모습이다. 이제 이 거대한 흐름을 거스를 수는 없다. 더구나 코로나 팬데믹으로 이러한 미래는 더욱 앞당겨졌다. 우리 자녀들이 살아갈 시대이고 준비해야 할 미래다.

그렇다면 자녀들에게 무엇을 준비시켜야 할까? 미래에 기계에 대체되지 않을 능력이 필요하다. 전문가들은 몇 가지 역량을 공통으로 이야기한다.

창의력, 비판적 사고력, 협업능력, 소통능력이 그것인데, 그중에서도 가장 중요시되는 능력은 단연코 창의력이다. 이제 창의력은 미래를 살아갈 아이들의 생존능력이 되었다.

창의력은 기계에는 없는 인간만의 능력이다. 기업의 입장에서 창의력은 혁신을 가져와 기업의 미래 존립에 큰 영향을 줄 수가 있을 만큼 중요한 역량이다.

그런데 이 능력은 시키는 공부만 해서는 기를 수가 없다. 스스로 기존의 정보들을 통합해 아이디어를 내 볼 수 있어야 한다. 한 가지에 몰입해 볼 수 있어야 나온다. 비판적 사고를 통해 기존의 것들과는 다른 엉뚱한 시도를 통해 나오는 것이다.

한국의 아이들은 주로 교사가 가르치는 것에 순응하는 학습을 한다. 이런 교육 환경에서는 창의력이 자라기가 어렵다. 한국의 교육을 보고 있으면 붕어빵을 찍어내는 기계 같다는 생각이 든다. 앨빈 토플러나 유발 하라리가 한국의 주입식 교육을 보며 우려스럽게 말한 것을 차치하더라도 이젠 우리 스스로 다가올 미래를 보고 준비해야 할 때다. 한국 교육의 변화가 느리다고 한탄하기 전에 부모라도 먼저 미래를 준비하자.

먼저는 아이들의 창의력을 위해 한 가지에 몰입해 보고 무엇인가 만들어 볼 기회를 주자. 아이들의 엉뚱한 몰입을 지켜봐 줄 수 있는 부모가 미래 혁신가를 키워낼 수 있는 것이다.

미국의 잭 안드라카가 췌장암 시트지를 개발했던 2012년은 그의 나이가 15세였다. 친하게 지내던 이웃집 아저씨가 췌장암으로 죽은 것을 마음 아파하던 잭은 췌장암 시트지 개발에 몰두했다. 인터넷을 뒤지고 가능성을 타진하는 데만 몇 개월이 걸렸다. 연구실을 내줄 대학교를 찾아 200여 군데 학교를 두드렸다. 아무도 기대하지 않는 시도를 지속하던 그는 드디어 세상에서 가장 저렴한 35센트짜리 췌장암 판별 시트지를 개발해 냈다. 기존 방식보다 168배 빠르고, 2만 4천 배 저렴하고, 4백 배 민감한 검사 센서를 말이다.

학교도 가지 않고 온종일 인터넷을 뒤지며 뭔가에 몰두하는 것을 지켜볼 부모는 많지 않을 것이다. 그러나, 그의 부모는 아이를 신뢰해 주었고 그는 드디어 해냈다. 자녀를 향한 신뢰와 지지가 그가 창의력을 발현할 수 있게 기회를 준 것이다.

급변하는 미래 우리 아이들에게도 이와 같은 부모가 필요하다.

기존의 사고 밖에서 아이의 창의력을 인정해 주고, 가능성을 지지해 줄 부모들이 늘어나야 한다.

30년 넘게 창의력과 학습관계를 연구해 온 MIT미디어랩의 미첼레스닉 교수는 창의적 학습을 위해 상상과 몰입, 공유를 제안했다. 유치원에서는 아이들이 스스로 생각하고 상상해서 뭔가를 만들어 보고 다른 아이들과 공유해 본다. 이런 상상, 몰입, 공유 과정을 통해 아이들의 창의력이 자란다.

4차산업혁명 시기에 교육을 생각하는 엄마라면 아이들에게 집중해서 그들의 잠재력을 최대한 끌어올리는 것이 첫 번째 사명이 된다. 끊임없이 암기하고 공식을 외워대던 옛 교육방식에서 이제 벗어나야 할 시기다. 아이 내면에 집중해서 가능성과 재능을 발견하고 이끌어 내는 교육 본질에 집중해야 하는 시대가 온 것이다. 미디어든, 컴퓨터든, 전문가들이든 아이의 관심과 몰입에 도움이 되는 모든 것은 교육의 도구로 끌어오면 되는 것 아닌가? 그렇게 자기 분야의 실제 실력을 갖추게 하는 것이 경쟁력인 시대가 도래한 것이다.

평생 배울 것은 유치원에서 다 배웠다. 생각하고, 만들고,
공유하며 우리는 새로운 것을 계속해서 창조해 냈다.

미첼 레스닉, MIT 미디어 랩 석좌교수

03

미래 공부,
어떻게 학습할까?

존 카우치는 학교에 갈 수 없는 코로나 시대를 예견이나 한 듯 2020년 〈교실 없는 시대가 온다〉는 제목의 책을 펴냈다. 그는 젊은 디지털 네이티브 세대가 배우는 방식이 더 이상 예전 같지 않다고 말한다. 그들은 암기형 교육을 이제는 교육이라 여기지 않으며 생각하는 법을 배우기 위해 스스로 정보를 찾고 통합하고 새로운 의견을 제시한다. 그러나 여전히 공교육은 "평균의 학생을 위한 표준교육을 제시"하고 있고 이것은 창의성을 키우기보다 산업현장의 생산직 사원을 준비시키는 것이라고 주장한다.[2]

공교육은 현장에 필요한 인력생산이 목적이라는 테일러주의자[3]들에 의해 공고히 구축되면서 학교표준화를 지지해 왔다. 아이들의 능력에 따라

---

2) 존 카우치, 교실이 없는 시대가 오고 있다, 어크로스. p.49
3) 테일러주의 : 19세기 말부터 시작된 산업혁명의 행정, 경영, 조직관리를 위해 탄생한 이론으로 교육에도 영향을 미쳤다. 지식과 기술을 활용해 최소비용으로 최대효과를 이루고자 관리에 집중된 이론이다. 과학적 관리로 시스템 효용성을 높이는 데 목적을 두고 있다. 학교교육의 목적을 생산현장에 필요한 평균적 인재양성에 두고 있다.

서열화해서 분류하고 적재적소에 채용될 수 있도록 하는 것을 교육의 목적으로 삼아왔다. 이러다 보니 아이큐가 낮다고 판별되는 아이들은 학교에서 무능력하다는 평가를 받을 수밖에 없다. 학교 상위 30%를 제외한 대다수 아이는 소외감을 느끼고 무가치하다는 인식을 암암리에 주입 받는 것이다.

하버드대 심리학 교수 토드 로즈도 〈평균의 종말〉에서 같은 이야기를 한다. 테일러주의에 물든 교사들은 학생 개개인의 발달 정도에 신경 쓰는 것이 아니라 특정한 시험을 통과해야 하는 학생 수에 신경 쓴다. 이런 교육시스템 때문에 학생 개개인의 능력과는 무관하게 똑같은 방식으로, 똑같은 내용을, 똑같은 속도로 배우고 있다. 이는 우리나라도 마찬가지다.

그러나 이제 4차산업혁명시대로 전환되고 있는 현실을 직시해야 한다. 개개인의 독특한 잠재력 발현이 중요한 시대다. 틀 밖의 아이들이 두각을 나타내는 시대라는 것을 알아채야 한다. 평균적이고 집단적인 교육에 만족하게 우리 아이들을 놔둔다면 다음 시대를 이끌기 어렵다는 것을 인정해야 한다.

마크 저커버그는 2년간 10만 달러의 틸펠로십 장학금을 지급하며 창의적인 후학을 양성하고 있는데, 대학교를 그만두는 게 그 조건이다.[4] 학교는 더 이상 창의적 인재를 키워내지 못한다는 판단에서다. 대기업은 이제는 순응형 인재를 원하지 않는다. 독특한 창의력과 협업능력을 가진 인재를 원하

---

4) 팔란티어사의 CEO 피터 틸, 2011년부터 대학중퇴자를 대상으로 "틸펠로우십"운영 중. 매해 20~30명을 선발해 10만 달러의 창업지원금을 주고 있다.(동아비지니스리뷰 323호, 2018.8.)

며 이런 인재는 기존 주입식 학교 틀에서는 나오지 못한다는 인식에서 나온 결정이다. 마크 저커버그도 학교를 중퇴하고 페이스북을 창립했다. 유명 대학을 가는 게 인생 목적이 아니다. 삶을 주체적으로 살아가는 데 아이비리그 대학도 부수적인 것으로 생각하는 현 시대 리더의 모습이다.

하버드대 심리학자 하워드 가드너는 다중지능 이론을 통해 아이들의 다양한 지능에 관해 이야기하며 "아이의 강점은 학교 공부에서만 발견되는 것이 아니라"라고 말한다. 획일화된 교육에서는 획일화된 생각 이상의 것이 나오기 어렵다. 최고의 리더들이 모인 실리콘밸리의 창업자 중 학교 중퇴자 만나는 것은 예사로운 일이다.

그들은 표준화를 거부하고 도전하기를 주저하지 않는다.

그렇다면 이 시점에서 우리 아이들은 무엇을, 어떻게 학습해야 하는가?

학습한다는 의미는 "새로운 정보를 얻고, 그것을 암기하고, 이해하고, 활용하는 전반"을 의미한다. 오늘날 디지털 시대에 정보를 얻는 것은 지극히 손쉬운 일이다. 몇 초 안에 정보 검색이 가능한 시대다. 게다가 암기하는 일은 이제 무의미해 보인다. 손안의 디지털 비서를 이용하면 몇 초 안에 정보를 알려 주는데 암기가 얼마만큼 의미가 있겠는가?

이제 남은 것은 이해와 활용이다. 이 영역이 디지털 시대 진정한 학습의 개념이고 능력이다. 이 능력을 고양시키기 위해 학교와 교사가 노력해야할 일이 남은 것이다. 이제는 의미 없는 과거 사실을 나열하고 암기하는 식의 교육에 머물러서는 안 된다.

아이들이 새롭게 알게 된 사실을 비판적으로 토론하고 창의적으로 재해석해서 새로운 것을 발견하고 만들어나갈 수 있도록 해야 한다. 유럽이 오랫동안 바칼로레아식[5] 토론 교육을 학교에서 시행하고 있는 것은 학습이라는 개념이 무엇인지 재인식한 데서 비롯된 것이다. 학습은 지식의 암기가 아니다. 지식의 이해이고, 활용이고, 재창조이다.

일본도 2013년 교육개혁을 단행하며 학습의 개념을 새롭게 재정립했다. 디지털 시대 4차산업혁명을 맞이하며 나라의 존립이 미래 교육에 달려 있다고 판단한 것이다. 일본도 이제는 암기식 교육에 집착하지 않으려 몸부림을 친다. 인터내셔널 바칼로레아를 학교 전반에 도입했고 그들은 지금 비판적 토론과 창의적 아이디어를 장려하는 교육 정책을 펼치고 있다.

이 지점에서 한국의 입시 정책을 살펴보자. 2022년 이후 수능 정시 비율확대와 내신 중시가 큰 골자다. 앞으로 몇 년간 더 정답 찾기식 교육을 지속해 간다는 의미다. 2028년 교육제도 개편을 준비한다니 기도하는 마음으로 지켜볼 따름이다.

거대한 시대변화 앞에 준비되지 않으면 도태될 수밖에 없다는 것을 진지하게 생각해 봐야 한다.

미래 시대에 살아남기 위해 아이들은 생각하는 힘을 길러야 한다. 스스로 사고하고 새로운 아이디어를 내보고 부딪혀보고 경험해 보게 해야 한다. 다가올 시대는 그런 아이들이 경영진의 자리에 오를 것이고 리더의 자리를 차지하게 될 것이다.

---

4) 바칼로레아: 대학 입학시험으로 암기식 문제가 아니라 깊이 생각해야 풀 수 있는 논술형 문제들이다. 국제 바칼로레아(IB)는 스위스 제네바에서 설립, IB디플로마는 75개국 2천여 개 이상의 대학에서 인정한다.

코로나로 학교는 안 가도 학원은 가야 하는 한국의 아이들을 보며 가슴을 쓸어내린다. 저렇게 배우는 주입식 지식이 얼마나 인생에 필요한 것일까? 수동적으로 익힌 지식이 아이들을 성공으로 이끌 것인가?

아이는 자신 안에 무한한 잠재력이 있다는 것을 스스로 알아야 한다.

"넌 어려서 모르니 주는 지식을 받아서 배워라"는 식의 교육을 해선 안 된다.

"네 안에 있는 잠재력을 일깨우기 위해 주어진 모든 지식을 이용하라"고 격려해야 한다. 정보나 지식은 아이들이 언제든 취할 수 있는 시대다. 정보를 이용할 수 있는 내면의 힘을 키우는 게 더 중요하다.

다음 세대 주인공은 아이들이다. 낡은 지식을 붙들고 아이들에게 수혜를 베풀 듯 군림하려 들어선 안 된다. 아이들로 스스로 배우고 자기주도적으로 생각하게 해야 한다.

"한국 학생들은 하루 10시간 이상을 학교와 학원에서 자신들이 살아갈 미래에 필요하지 않은 지식을 배우기 위해, 그리고 존재하지도 않는 직업을 위해 아까운 시간을 허비하고 있다. 아침 일찍 시작해 밤늦게 끝나는 지금 한국의 교육제도는 산업화 시대의 인력을 만들어 내기 위한 것이다."

미래학자 앨빈 토플러

우리 아이 첫 독립육아

04

베스트보다 유니크!
독특함이 무기다

우리나라 최고의 대학은 단연코 서울대다. 전국 1등급의 수재들이 가는 이 학교 학생들이 공부하는 법을 이혜정 박사가 다양한 연구 사례들과 함께 책 으로 펴냈다. 이들은 항상 최고의 성적을 유지하는 우리나라의 지성을 대표하는 베스트 오브 베스트 그룹이다. 그런데 그들 중 대다수가 무비판적이었고, 학점을 위해 교수의 의견은 농담 하나도 그대로 받아 적는 수용적인 성향을 가지고 있었다. 자기조절 능력은 뛰어나지만 자기주도적으로 계획한 꿈은 너무 드물더라는 당황스러운 연구결과를 보여줬다. 반면 비교그룹이었던 미시간대 학생들은 대학을 졸업할 때쯤 비판적인 사고와 해결책 제시 능력이 뚜렷해지더라는 것이다.

자신의 인생을 사회적인 기대치에 맞춰 살아가는 수동형 인재들이 서울대 학생들의 특징이라니 서글픈 현실이다.

6) 이혜정, 서울대에서는 누가 A+를 받는가, 다산에듀

유럽이나 이스라엘의 교육을 보면 사회적 기대치나 다른 아이들과의 비교보다는 자신에게 집중되어 있다. IB 교육과정[7]을 시행하는 유럽국가들의 경우는 아이들의 생각을 묻는 방식의 수업이 대부분이기 때문에 자기 생각을 말하고 느끼는 것에 거리낌이나 주저함이 없다. 이 아이들은 자신에게 집중한다. 자신이 뭘 좋아하고, 무엇을 느끼고, 어떻게 생각하는지가 중요하다.

유대인의 경우 자녀에게 남보다 뛰어나라고 말하지 않는다. 그런데도 그들은 각 분야에서 탁월한 기량을 나타낸다. 이유는 남과 다른 사람이 되라는 교육 덕분이다. 그들은 형제간에도 아이큐나 성적을 비교하지 않는다. 그러면 양쪽이 다 죽는다는 걸 안다. 개성을 비교하면 양쪽을 다 살릴 수 있다는 믿음으로 자녀들을 대한다. 한 가족 안에서도 각자의 독특함을 인정하는 말은 자주 하지만 서로 비교하는 말은 하지 않는다.

그들은 서열화하고 순위 세우는 상대평가로 아이들 개개인이 가진 독특한 창의성을 짓밟지 않는다. 모두가 자신만의 개성과 특징을 가지고 이 땅에 온 존재로 인식하고 귀하게 여긴다. 모든 나라가 사람을 대하는 방식은 이와 같아야 한다고 생각한다. 개개인의 사람은 너무나 다르고 독특하며 나름의 개성이 있고 아름답고 특별하다. 그러니 사람을 서열화하는 제도나 성적 비교 방식은 개선되어야 한다. 이렇게 하면 더 많은 아이가 자신의 잠재력을 펼칠 기회를 얻을 것이라 확신한다.

아이들의 독특한 성향은 당대 문화나 사람들의 편견에 부딪힐 수 있다. 그럴 때 부모라면 항상 아이들의 입장에서 가능성과 잠재력을 바라봐 주

---

7) 인터내셔널 바칼로레아(IB) : 스위스에서 만든 토론식 교육과정으로 현재는 전 세계에서 도입해 사용 중이고 일본은 2015년 공교육 도입, 우리나라는 제주, 대구 등 일부 학교도입

려고 해야 한다. 자녀를 비판하고 조종하려는 태도를 버려야 자녀 내면의 창의성을 볼 수 있다. 독특함이 빛을 보기까지는 그것을 수용하고 지지하는 누군가가 있을 때 가능하다.

꽃의 화가로 잘 알려진 미국의 조지아 오키프(Georgia O'keeffe)는 농부의 딸로 태어났다.

대가족이 모여 살았지만, 아이들에게 원하는 교육을 해주기 위해 노력했던 부모덕에 미술을 배우기 위해 먼 곳까지 다닐 수 있었다. 가족들은 조지아가 남의 눈길을 끄는 엉뚱한 옷이나 머리 모양을 하거나 튀는 문제아가 되는 것도 이해해 주었다. 음악을 즐기던 어머니와 노래 부르는 것을 좋아했고, 피아노와 바이올린 배우는 것을 즐겼다. 열한 살 때 그림을 그리기 시작한 조지아를 격려하기 위해 엄마는 딸의 그림을 액자에 넣어두곤 했다. 조지아는 고등학교 때 미술 교사로부터 그림 재능을 인정받으며 대학에 입학했지만, 당시 남성들이 장악한 미술계의 벽에 부딪혀 학업을 포기하고 부모님의 집으로 내려간다. 그 어두운 시기에도 부모는 그녀의 재능을 끝까지 격려하며 집 근처 예술가의 수업을 듣도록 용기를 북돋웠다. 마침내 어둡고 긴 시간을 지나 조지아는 미국의 모더니즘을 대표하는 독특한 화풍을 가진 여류화가로 자리매김한다. 그녀의 그림은 이전에 없던 새로운 기법과 발상으로 미술계의 큰 반향을 불러일으킨다. 그녀가 마흔 살에 그린 백합 그림은 미국 역대 최고 금액으로 팔리기까지 하였다.[8] 그

8) 김경희, 4차산업혁명 시대 창의인재를 만드는 미래의 교육, 예문아카이브. p.219.

녀는 자신만의 개성을 고수하고 드디어는 인정받게 된다. 유니크가 힘이 되었던 것이다.

영화 〈매트릭스〉를 보면서 가상현실을 꿈꾼 소년도 있다. 2012년 열아홉 나이에 오큘러스를 창업한 파머 러키(Palmer Luckey)다. 학교에 가지 않고 홈스쿨을 하며 자신의 흥밋거리인 게임을 더 실감 나게 즐길 방법을 생각하던 중 〈매트릭스〉에 영감을 받아 VR을 연구하게 되었다. 부모는 VR에 대해서는 아는 바가 없었지만, 아들을 지지해주었다. 한국인의 관점으로 본다면 게임에 빠진 아들과 아무 제재를 하지 않는 부모다. 그런데 러키는 몰입의 힘을 제대로 보여준다. 구식 VR기기를 사들여 시제품을 만들고, 인터넷 가상현실 커뮤니티 회원들과 토론을 벌이며 차고 한쪽에서 자신만의 VR기기를 탄생시킨 것이다. 페이스북의 마크 저커버그는 러키의 스타트업 기업 오큘러스의 가능성을 알아봤고 2조에 인수하기에 이른다. 러키가 스물한 살 때의 일이다. 그는 지금 새로운 차세대 드론 스타트업 기업을 일궈가고 있다.

유니크한 생각이 시대를 이끈다. 자기 분야에 몰입하고 실패를 두려워하지 않고 시도하는 힘이 빛을 발하는 시대가 도래한 것이다. 나이가 문제될 것도 없다. 부모가 아이를 제한하지만 않는다면 아이들의 가능성은 우리가 생각하는 이상으로 커나갈 것이다.

부모여, 당신의 자녀는 세상에 하나뿐이다. 남들보다 상대적으로 점수가 나은 사람으로 키우지 마라.

유니크한 사람으로 키워라. 그러면 걸어가는 내내 행복할 것이다.

당신의 아이는 유일하고 특별하다.

유대인들은 자녀들끼리도 머리를 비교하지 않는다.
"머리를 비교하면 둘 다 죽는다. 그러나 개성을 비교하면 둘 다 산다."

유대인의 속담

05

독립육아의 아성,
이스라엘을 꿰뚫어라

독립육아로 자녀를 양육하는 유대인

전 세계 가장 영향력 있는 민족 중 하나가 유대인들이다. 그들은 로마에 정복당한 후 2,000년 동안 나라 없이 전 세계를 떠돌며 방랑자처럼 살아왔다. 그들에게는 1948년 독립할 때까지 안식할 땅도 보호받을 나라도 없었다. 끊임없는 위협과 핍박을 견디면서도 오늘날 가장 영향력 있는 민족으로 서 있다. 그들은 전 세계 인구의 0.2% 정도인 1700만 명밖에 되지 않는다. 우리나라의 5분의 1 정도의 인구다. 하지만 경제력 면(미국 억만장자들의 40%가 유대인)에서나 노벨상(22% 차지)을 비롯하여 각 영역에서 최고의 자리에 서 있다. 미국의 가장 큰 언론 3사의 대표가 유대인이다. 구글, 페이스북 등 이 시대 가장 영향력 있는 기업의 총수도 유대인이다.

아인슈타인, 에디슨, 프로이트, 로스차일드, 조지 소로스, 레너드 번스타인, 촘스키, 우디 앨런, 스티븐 스필버그, 각 분야에서 그 이름을 셀 수 없을 정도로 유대인의 영향력은 대단하다.

그 힘은 유대 민족의 특별한 교육에 있다. 그중에서도 그들만의 특별한 의식이 있는데 자녀를 일찍 독립시키는 성인식이다. 유대인들은 자녀가 어린 시절에 독립심과 유대인의 특별한 역사와 하나님의 율법을 가르치고 만 13세가 되면 성인식을 치른다. 우리나라 중2에 해당하는 나이에 그들은 성인이 되는 것이다. 그들은 특별히 청소년 시기라는 것이 따로 있다고 여기지 않고 성인식을 통해 어른으로 인정해준다. 말로만 하는 이벤트가 아니다. 그날에는 가족과 친지들이 모여 부조금을 전달하며 성인 됨을 축하하고, 경제적 힘을 부여해 준다. 그때 받은 종잣돈으로 아이들은 주식, 채권 등에 투자도 해 보고, 기부 등 의미 있는 일에 참여하기도 한다. 한국의 아이들이 대학 졸업 후에나 간신히 갖게 되는 기회를 유대인 아이들은 13세에 가지게 되는 것이다.

나 또한 아이들을 키우며 유대인들의 성인식이 부러웠다. 그래서 조촐하게 우리 가족만의 성인식을 치르기도 했다. 하지만 일반적인 일이 아니니 그 의미가 쉬이 잊혀졌다. 우리 문화에도 이른 나이에 아이를 성인으로 인정해 주고 더 큰 자율과 책임감을 부여해 준다면 그 힘이 얼마나 막강할까? 호르몬에 휘둘리며 질풍노도의 시기라 합리화하지 않을 것이고, 자율과 책임을 인정받으니 인생에 대해 얼마나 진지해질 것인가! 유대 민족 전체가 동참하는 이 같은 문화가 "유대인에게는 사춘기가 없다"라는 말을 만들어 냈다. 그들은 이러한 이른 독립을 위해 아주 어릴 적부터 준비한다. 부모가 의식적으로 준비시키기에 아이들은 당연하게 받아들인다.

독립이 자연스럽고 당연시되는 사람들, 우리도 이렇게 아이들을 독립적으로 키워야 하지 않을까?

이스라엘, 그들은 철저히 독립육아한다

류태영 박사는 이스라엘로 유학 간 1세대 한국인이다. 그는 이스라엘 유학을 계기로 한국에 돌아와 새마을 운동을 일으킨 인물이다. 그를 통해 우리는 이스라엘의 정신을 배울 수 있었다. 그가 이스라엘에서 유학하며 가장 인상 깊었던 점은 자녀를 어릴 적부터 늘 독립시킬 것을 염두에 두고 교육한다는 것이다. 이른 성인식 때문에 부모는 자녀가 어린 나이부터 아이의 재능과 소질이 무엇인지 자세히 관찰할 수밖에 없다.

하루는 류 박사가 옆집에 초대받아 방문한 적이 있는데 초등학교 아들이 저녁 늦게 집에 들어온 거다. 식사도 거르고 어디 갔다 왔냐고 묻자 아이는 근처 문방구를 다 돌며 문구 조사를 하고 왔다고 당당히 말하더란 것이다. 어느 문방구에 뭐가 새로 들어왔나, 문방구 주인들의 성격은 어떤가, 오늘은 어떤 이벤트가 있나 알아보러 다녀왔다는 것이다. 한국 엄마 같으면 냅다 소리 지르며 공부 안 하고 뭐하러 돌아다니느냐 하겠지만, 그 집 주인인 아빠의 태도를 보고 놀랐단다.

"이보게, 우리 아들은 공부는 좀 소질이 없어도 장사엔 타고난 소질이 있다네. 사업을 해서 장성할 아이야"

이렇게 말하더라는 것이다.

그 가정만이 아니다. 한 살 정도 된 아이가 뒤뚱거리며 넘어질 것 같아

류 박사가 잡아주자 부모가 핀잔을 주더라는 것이다. 이스라엘에선 아이가 넘어지는 걸 잡아주지 않고 스스로 일어나게 격려할 뿐이라고 말이다. 이스라엘에선 독립육아를 하지 않는 부모를 찾는 것이 더 어렵다. 이스라엘은 모두가 독립육아 중이다.

청년아! 독립하라! 나라 전체가 지원하는 혁신 창업

이스라엘은 청년 창업자 비율이 전 세계 1위이다. 나라 전체가 혁신을 꿈꾼다. 어릴 적부터 독립적인 사고를 하지 않았다면 이와 같은 결과치가 나오지 않을 것이다. 그들은 13세 성인식을 단순 이벤트로 생각지 않고 자기 인생의 주체자로서 서가는 기점으로 본다. 청소년 시기 일반적인 타국의 아이들과 사뭇 다르다. 우리나라 청소년들은 중학생 시기를 가장 문제가 많은 시기로 보고 건드리지 않는 게 상책이라 여긴다. 고등학생의 경우 당장 코앞의 수능 때문에 다른 사고가 불가능한 시기를 보낸다. 같은 시기 이스라엘의 아이들은 독립한 후 뭐하며 인생을 살아갈지를 생각한다. 욜로 인생 같은 건 그들의 인생 계획에 넣지를 않는다. 세계 여행을 계획해도 관광을 위한 것이 아니라 독립하기 위한 아이디어나 사업 아이템을 찾기 위한 여행이다. 그러기에 이스라엘의 청소년들은 끊임없이 생각하고 메모한다. 그들의 마음엔 항상 자기 인생의 주체가 자신이라는 것과 독립을 준비한다는 마음이 들어있다.

나라 전체가 청년들에게 실패를 두려워 말라는 메시지를 보낸다. 창업을 지원하기 위해 1980년대부터 요요마 펀드를 준비해 청년 창업자들을 지원했다.[9] 이스라엘의 성공한 스타트업 기업들은 인재를 뽑을 때 '실패해 본 적이 없다'라는 사람을 뽑으려 하지 않는다. 실패라는 "의미 있는 경험" 을 해 보지 않은 애송이 정도로 여긴다. 우리나라와 생각하는 게 다르다. 우리나라의 분위기는 청년 창업자들이 실패하면 실패의 원인을 분석하여 질책한 뒤 취업의 길로 들어서게 한다. 실패를 의미 있는 경험으로 보는 넓 은 식견이 필요한 시점이다. 어린 시절부터 독립심이 내면화된 청년들은 나이에 상관없이 창업을 준비하고 아이디어를 실제화시킨다. 그들은 그런 독특한 도전정신을 후츠파라 부르며 장려한다.

우리나라의 청년들에게도 도전하라고 말해 주고 싶다. 우리나라처럼 단 순직 공무원이 꿈인 청년들이 많은 나라를 찾기 쉽지 않다.[10] 우리의 청년 들에게 꿈을 꾸라고 격려하는 부모 세대가 일어나야 한다. 단 한 번을 사는 인생의 주인으로 도전하고 꿈꾸라고 말해 주는 어른들이 많기를 바라본다. 부모가 꿈꾸지 못했기에 자녀에게도 꿈꾸지 말라고 말해선 안 된다.

자식이 나보다 잘 될 거라 믿어라. 믿음이 아이의 자신감을 키운다.

아이들은 나와 다른 독립적 개체다. 나의 아류작이 아니다.

그들을 자유롭게 날게 하자.

유대인 자녀교육의 목표는 성공이 아니라 온전한 독립적 인격체로 키우는 것이다

홍익희 교수, 〈유대인 이야기〉 저자, 유대인 전문가

9) 이스라엘 창업생태계의 전환과 정책 시사점, 중소기업연구원, 2019.1.8.
10) 청년 10명 중 8명 공무원시험 '기웃' 사회적 손실 연간 17조 원, 조선일보, 2021.1.22.

06

상상을 현실로,
메이커 운동이라고 들어보셨나요?

테슬라 모터스와 스페이스 X의 창립자 일론 머스크는 2015년 자신의 자녀 5명을 유명 사립학교에서 빼내 와서 자신이 만든 작은 학교 "애드 아스트라"(Ad Astra)에 입학시켰다. 40명이 채 안 되는 작은 학교로 다양한 나이의 아이들이 모여 의견을 제시하고 팀워크를 이루며 뭔가를 만들어 낸다. "만들면서 배운다"라는 그의 교육철학이 그런 결정을 가져왔다.[11] 언론 인터뷰에서 그는 '아이들이 학교를 좋아하고 방학이 긴 것을 불평한다'라고 말했다. 이것은 이 시대 새로운 흐름 메이커 운동을 보여주는 한 사례이다.

메이커 운동이란 2005년 창간된 메이커 매거진에서 처음 언급된 말로, 단순한 만들기 취미로 시작된 DIY 열풍이 ICT 분야의 성장에 힘입어 활동 범위가 넓어진 것을 말한다. 이 운동은 창의성에 기반해 계속해서 뭔

---

11) 괴짜 천재 일론 머스크, 교육법도 괴짜?, 동아닷컴, 2020.6.2.

가 새로운 것을 만들어 내는 것이다. 자신의 경험과 지식을 공유하려는 경향으로 새로운 산업혁명을 주도하고 있다. 어린이들이 만들어 내는 작은 만들기 작품에서부터 산업현장의 기술 품 모두가 메이커 운동의 일환이라 할 수 있다. 메이커 운동은 점점 광범위하게 퍼지고 있고, 학력이나 나이도 상관하지 않는다.

열세 살 소년, 슈브함 바네르제(Shubham banerjiee)는 레고블록 원리를 이용해 시각장애인용 저렴한 점자 인쇄기를 개발했고, 인텔은 가능성을 알아보고 이것에 투자를 결정했다.

메이커 운동은 나이에 상관없이 아이디어를 내서 만들어 내고 공유한다. 그것이 사회에 필요한 것이면 기업들이 적극적으로 유치하기도 한다.

데이비드 카프는 텀블러의 제작자다. 2007년 오픈한 이 소셜네트워크 사이트는 GIF 만들기(움짤) 기능을 제공하는 소셜네트워크 사이트로 청소년과 청년들에게 폭발적 인기를 불러왔다. 구글의 머리사 메이어는 텀블러의 제작자 카프가 세대의 전설이 될 것을 예견했다. 그는 11세 때 처음 컴퓨터 프로그래밍을 접하고 15세에 학교를 그만두고 자신이 하고 싶은 공부에 몰입했다. 그가 원하는 공부를 하기를 원했던 부모는 그가 학교를 그만두는 것을 지지했다. 그에게 몰입의 시간이 필요하다는 것을 인정해 준 것이다. 열일곱에 일본으로 건너가 인공지능로봇 회사에서 프로그래머로 실력을 쌓고 1년 만에 뉴욕에 돌아와 어번 베이비의 수석 프로그래머가 된다. 그 후 그는 텀블러를 창업했고 5년 만에 260명의 직원을 거느린 IT업계 선두로 급부상하게 되었다. 2013년 야후는 텀블러를 11억 달러에 인

수하며 데이비드 카프는 스물일곱에 억만장자 반열에 올랐다.[12]

메이커 운동은 몰입과 창의성을 중시한다. 몰입의 시간 없이 창의적인 메이킹은 불가하다. 메이커 운동이 부상하며 몰입의 중요성도 함께 중요시되어가고 있다. 예전에 창업은 대학교 졸업하고 나서야 해당한다고 생각했지만 이젠 나이에 상관없이 얼마나 새롭고 시기적절한 아이디어를 가지고 있고, 실제 만들어진 결과물이 있느냐에 따라 판가름 난다. 나이에 상관없이 도전하고 시도해 보는 힘을 길러야 할 시대가 온 것이다.

2013년에 개교한 LA의 "인큐베이터 스쿨"은 11~13세 아이들에게 새로운 교육방식을 제시한다. 창업을 목표로 하는 아이들을 모아서 직접 보고, 배우고, 창의적 아이디어를 내보고, 만들어보며 실현 가능성을 타진해 본다.[13] 더 나은 세상을 만들기 위해 스스로 질문해 보고 답을 찾으며 공부한다. 한국처럼 교사가 정해진 질문을 하고, 학생이 사지선다에서 정해진 답을 찾아내는 공부 방식은 이 학교에서는 상상할 수도 없다.

세계가 각자 독특한 방식으로 아이들의 잠재력을 끌어내려 애쓴다. 기존의 지식을 답습하고 암기하는 것은 더 이상 이 시대가 요구하는 교육이 아니라는 것을 너무나 잘 알고 있다.

메이커 운동도 그러한 흐름의 일환이다. 사람들 안에 숨겨진 아이디어와 잠재력을 무한 발산해서 시대에 필요한 것들을 만들어 내고 인류 발전

---

11) SNS '텀블러' 창업해 야후에 11억 달러에 판 데이비드 카프, 조선닷컴, 2014.1.11.
12) 21세기형 교육 현장을 가다, 기존 학습법 파괴 '혁신 학교' 잘 나간다, LA 중앙일보, 2014,
5,19
13) 21세기형 교육 현장을 가다, 기존 학습법 파괴 '혁신 학교' 잘 나간다, LA 중앙일보, 2014,
5,19

을 도모하라는 것이다.

2015년 한-중 청년 창업 보고서에서 창업을 선호하는 비율이 한국은 6.1%, 중국은 40.8%가 창업을 선호한다고 나왔다. 두 나라가 모두 높은 청년실업률로 걱정하고 있지만, 중국은 창업자를 지원하는 것으로 대책을 찾고 있다. 창업 분야도 우리나라는 요식업이 31.3%로 가장 많았고 대부분 생계형 창업을 선호했다. 중국은 IT분야가 많았다. 중국의 하루 평균 신생 기업 수는 2017년 1만6600개에서 2019년 2만 개, 2020년 2만 2000개로 늘었다. 코로나 사태에도 늘어난 것으로 나타났다.[14] 2020년 기업 가치 1조 원 이상의 스타트업 기업 107개가 중국에서 탄생했다. 미국 (214개)에 이어 2위다.

우리 청년들에게 다양한 분야를 향한 도전정신과 기업가적인 마인드가 필요해 보인다.

전 세계적 흐름인 메이커 운동에 한국의 젊은이들도 한발 도전해 보길 바란다. 무엇보다 부모들이 안정형 직업을 선호함으로 자녀의 도전 의지를 꺾지 않았으면 한다.

나라가 발전하고 성장하기 위해서 미래 산업 분야의 도전이 계속되어야 한다. 실패를 두려워하지 않는 마음을 키워주는 부모가 되자. 메이커 운동이 시대의 흐름인 걸 기억하고 지금 아이에게 어떤 가능성을 보게 하고 끌어낼 수 있을까 진지하게 고민하길 제안한다.

14) 특파원칼럼, 창업 대국 중국이 한국과 다른 점, 한국경제, 2021.1.29.

자녀의 독립적 성장을 원하는 부모라면 마음을 넓게 열고 자녀가 미래 창업에 도전할 것을 생각하고 있어야 한다. 창업은 돈으로 하는 것이 아니라 아이디어와 패기로 한다고 한다. 구지폐 500원짜리 한 장을 들고 조선업을 수주해 온 정주영 회장의 일화를 볼 때면 위의 말이 실제인 것을 실감한다.[15] 실제로 창업을 한 많은 이들이 같은 말을 한다.

부모가 아이들에게 길러 줄 것은 국, 영, 수 공부하라는 말보다 도전의식과 책임감 같은 숨은 실제 역량이다. 세상을 넓은 시야로 보고 자녀의 독립적 사고와 작은 도전들을 지지하는 부모가 돼보자.

메이커 운동은 새로운 시대를 이끌 혁신이다. 메이커를 지원하는 크라우드펀딩 규모는 2015년 50억 달러 선이었고, 2025년이면 930억 달러에 육박할 전망이다. 메이커 운동이 웹보다도 크게 확산될 것이다.

news.samsung.com, 2018. 3. 7

---

15) 정주영 회장은 조선소도 없는 상황에서 선박을 수주하고 영국에서 차관을 빌려 조선소 건립과 선박 건조를 동시에 진행했다 (故 정주영 현대 창업자 '맨주먹 베팅' 500원 보여주며 "480억 내놔라", 매거진 한경, 2017.6.27.)

07

AI 시대,
우리 아이는 무엇을 선택할까?

세계경제포럼의 회장 클라우스 슈밥의 책 〈4차산업혁명 The NEXT〉를 통해 미래의 모습을 살짝 엿볼 수가 있다. 머지않은 미래에 사물인터넷이 세상을 감싸게 될 것인데 도로, 빌딩, 의류에까지 컴퓨터가 장착될 것이다. 신체 언어를 감지하는 센서들이 우리의 의식적 의도와 무의식적 의도를 읽어내어 주변 기계들을 움직이게 할 것이다. 컴퓨터는 실제로 우리의 신체 일부가 되어 기능하게 될 것이고, 사물인터넷이 인공지능과 로봇에 연결되면 사람이 하던 일들이 인공지능 로봇으로 대체될 것이다. 블록체인 기술이 활용된 암호화폐로 금융거래는 더 쉬워질 것이다. 머지않아 우리가 경험하지 못한 최첨단 디지털 시대가 온다는 것이 그의 예견이다.

이런 시대가 점점 다가오는 것이 현실이라는 생각을 하면 긍정적 감정보다는 두려움이 엄습하기도 한다. 모든 기술은 누가 어떻게 사용하느냐에 따라 다른 가치를 지닌다. 인류의 발전과 유익을 위해 사용한다면 유용한 것이고, 아니라면 위험이 될 수도 있다. 거대한 물이 흐르는 것처럼 이런 시대가 오는 것을 더 이상 막을 수는 없게 되었다. 이제껏 인류가 발전을 위해 노력해 왔듯이 미래를 안전하게 준비해 가는 것이 필요하다.

실리콘밸리 기술자로 살다 본국 일본으로 돌아와 4차산업혁명을 준비시키는 교육자로, 인공지능교재 개발자로 사는 진노 겐키[16]는 그의 책에서 인간만이 할 수 있는 일에 집중하라고 힘주어 말한다. 타인에게 의존하지 않고 자신만의 일과 역할을 찾아 해내는 사람이 미래 사회형 인물이라고 말한다. 그가 말하는 미래 능동적 인간형의 세 가지 특징은 '사회나 조직에 얽매이지 말 것', '스스로 생각하고 행동할 수 있을 것', '책임의식을 가지는 것'이다.

스스로 생각하고 행동하고 책임질 수 있는 능력이 미래 사회에 필요한 능력이라면 어릴 적부터 이 능력을 배양시키면 된다. 그의 말대로 과거의 수직서열 교육, 암기형 교육이 미래에 큰 의미가 없다면 지금부터 아이 스스로 독립적으로 생각하고, 시도하고 도전하게 하고, 그 결과를 책임지는 건실한 사람으로 만들어 가면 된다. 부모가 용기를 내면 아이는 미래형 인재로 커갈 수 있다.

우리 센터에 나오는 열 살 벼리는 궁금한 것은 무조건 분해하고 만드는 아이다. 장난감 권총부터 선풍기, 장난감 자동차, 가전제품까지 그의 손에서 분해된 것들은 셀 수도 없다. 그의 집은 잡동사니가 거실 한쪽에 산을 이룬다. 머릿속 상상물을 만들어 내려 동네 잡동사니를 끌어모아서 그렇다. 그의 블로그를 보면 미소가 절로 나온다.

---

16) 진노 겐키, 인공지능 시대를 살아가는 우리 아이 키우는 법, 한스미디어.

진노 겐키가 말하는 "해내는 힘"을 가진 아이다. 한번 목표를 세우면 너덧 시간은 그 일에 몰입하고 앉아있다. 열 살이라는 게 믿기지 않는다. 한번은 은행을 방문했다가 불우이웃돕기 저금통을 발견하고는 자기도 돈을 벌어서 돕고 싶다는 뜻을 세우고 유튜브를 통해 립밤과 비누 만들기 방법을 보고 종일 만들어 주변 지인들에게 팔러 돌아다니는 게 아닌가! 내게도 가져와 사달라고 하기에 기쁘게 여러 개를 사줬다. 이 작은 아이는 그렇게 번 돈으로 불우이웃돕기를 멋지게 해냈다. 다음번엔 색깔을 바꾸고 다른 아이디어를 더할 거라 말하는 아이의 표정에서 행복한 흥분을 읽는다.

어린 시절부터 스스로 무엇을 직접 해냈다는 성취를 맛보게 하는 것은 중요하다. 이것은 비즈니스에서 말하는 PDCA[17] 실행능력을 갖추는 것이다. Plan(계획), Do(실행), Check(검증), Act(개선) 과정은 우리 아이들의 일상에 적용할 수 있다. 먼저는 실패를 두려워하지 않는 마음가짐이 중요하다. 도전의식을 갖고, 직접 시도하고, 해냈다는 성취감을 느끼는 것이다. 다양한 도전으로 PDCA를 순환시키며 아이들의 내적인 힘은 강화된다. 진노 겐키는 방학을 이용해 아이들에게 테크놀로지를 다루는 법을 도전하게 했고 아이들은 멋지게 해냈다.[18] 드론으로 불꽃놀이를 촬영하여 VR로 시청했고, 3D프린터로 액세서리도 만들어 봤다. 작은 도전과 성취가 모이면 자신감이 된다. 반복되는 도전은 아이들의 뇌 속에서 새로운 창의력을 일으킨다.

---

17) PDCA: Plan(계획), Do(실행), Check(검증), Act(개선)의 4가지 프로세스를 통해 문제를 해결하고 목표를 달성하는 것
18) 진노 겐키, 인공지능 시대를 살아가는 우리 아이 키우는 법, 한스미디어. p.64.

하버드와 스탠퍼드 대학은 다가올 미래 사회를 준비하는 학습방식으로 교수가 가르치는 노잉(Knowing)교육이 아니라 가치에 중점을 두고 새로운 것을 만드는 두잉(Doing)교육으로 바꿔가고 있다. EBS 4차산업 교육 패러다임 전환[19]에 나온 스탠퍼드 대학의 실제 수업 광경은 정말 흥미로웠다. 대학생들이 팀을 이루어 다양한 손수레를 만들어 경주를 벌이는 모습이었는데 대학 수업이라고 믿기 어려운 흥미로운 광경이었다. 팀워크와 다양한 아이디어의 통합을 목표로 하는 실전 수업방식으로 교수는 거의 개입하지 않았다. 스탠퍼드 래리 라이퍼 교수는 현실에 기반을 둔 교육으로 학생들이 만들어 가는 교육을 지향한다고 말했다.

왜 대학들이 이런 교육방식으로 바꿔가고 있을까? 더 이상 정보를 알아가는 수업방식이 의미 없는 시대가 온 것을 알아챘기 때문이다. 강의실에서 가르치는 속도보다 새로운 지식이 업데이트되는 속도가 빠른 시대, 빠른 검색으로 그 사실을 접하게 되는 시대, 얼마나 더 알고 있느냐보다 새로운 창조를 이뤄가야 한다는 것을 알아챈 것이다. 팀워크를 통해 집단 지성의 힘을 발휘하고 새로운 창조를 이뤄가야 하는 시대인 것이다.

〈교실 없는 시대가 온다〉의 저자 애플의 교육 부사장 존 카우치는 이제 교사의 역할은 가르치는 것이 아니라 "동기부여"라고 말한다. 스탠퍼드 대학의 래리 라이퍼 교수와 같은 맥락의 말이다.

더 뭔가 가르치려는 교육이 아니라 아이들 스스로 흥미를 느끼는 일들

---

19) EBS 다큐 프라임, 4차산업혁명, 교육 패러다임의 대전환-대학의 변신, 2018년

에 깊이 몰입하고 목표를 세우고, 시도해 보고, 개선해 보는 교육을 실현할 시대가 온 것이다.

진노 겐키가 그런 교육을 실현하기 위해 실리콘밸리에서 일본으로 돌아갔지만, 벽에 부딪힌 게 기존의 교육에 대한 틀을 깨기가 너무 힘들었다는 것이다. 시대는 변하고 있는데 일본교육은 과거에 머물러 있는 것을 통탄하여 책을 썼다. 한국 교육도 별반 다르지 않다. 교육이 현실 흐름을 반영하려면 아직 멀어 보인다.

부모라도 두려움을 버리고 시대 흐름을 알아채고, 아이의 잠재력과 가능성, 흥미와 재능에 눈을 돌리길 바란다. 그것이 AI 시대를 준비하는 방법이고, 아이의 독특한 재능을 키우는 길이다. 그것이 자녀도 살리고 미래도 준비하는 방법인 것이다.

스스로 해내는 힘이 아이의 미래를 좌우한다.

진노 겐키, IT 교육 전문가

08

0세부터 준비하는 독립육아

아동심리전문가 오은영 박사는 최근 한 TV 프로그램에 나와 자녀교육의 궁극적 목적은 자녀독립이라고 말한 적이 있다.[20] 독립할 힘을 길러주는 것이 부모가 할 일이라고 말하는 것을 들으며 깊이 공감했다.

한국의 많은 부모는 스스로는 인정하지 않지만, 자녀를 소유로 보는 경향이 강하다. 자녀의 말과 행동, 성적이 곧 부모의 얼굴이자 사회적 지위인 것처럼 여긴다. 그래서 부모가 원하는 모습으로 키우려고 어릴 적부터 나무 분재를 키우듯 부모 의도대로 키워가는 것을 자주 보게 된다.

성적이 기준인 부모, 외모가 기준인 부모, 타인의 판단이 기준인 부모, 종교가 기준인 부모 등 기준은 제각각이지만 자기 기준으로 키우려는 마음은 비슷하다고 볼 수 있다. 기준과 원칙 없이 키우는 것이 더 문제라고 생각할 수도 있다. 그러나 조건화된 기준은 아이들이 순수하게 하는 행동

---

20) 오은영 "부모자녀 가스라이팅 존재, 양육 목표는 독립, news.nate.com, 2021.6.7.

에 대해서도 부모가 불만을 표현하게 되고, 아이 스스로 자신에 대해 확신을 잃게 만든다. 조건에 맞지 않을 때 아이들은 자신을 무가치하게 본다.

자녀를 낳아 기를 때 부모가 가져야 할 마음가짐은 아이를 소유로 삼지 않고, 건강하게 독립시켜 자기 인생을 살아가게 하리라는 다짐이다. 나를 닮았지만 나와 다른 인격체로 아이만의 인생이 있다는 것을 인정하는 것이다.

어린아이는 왜소한 모습의 작은 존재들이지만 존중받아야 할 인격체들이다. 소중한 영혼들이다. 그래서 어리다고 함부로 대하거나 조종하려 들어서는 안 된다. 아이만의 독특한 성격과 특징과 재능을 가진 존재로 인정하고 그들을 봐줄 수 있어야 한다.

교육에 대해 조금 안다고 여기는 일부 엄마들은 사춘기 전까지는 훈육 중심으로 키웠다가 사춘기가 넘어가선 자율성을 줘서 키워야 한다고 말한다. 그래서 어린 시절엔 아이의 성격을 잡겠다고 성품 훈련에 과도히 집착한다. 그러나, 교육은 무 자르듯 시기별로 자를 수 있는 게 아니다. 교육은 인격의 교류이고 부모 행동의 답습이고 감정의 공감 등이 복합적으로 이뤄지는 고도의 기술이다. 어느 시기엔 훈육 위주, 어느 시기엔 자율 위주의 교육을 하겠다는 것은 인위적이고 자연스럽지 못하다. 그리고 한번 교육 노선을 정하면 그 교육 태도가 부모에게 익숙해져서 변화하기가 쉽지 않다. 훈육 위주로 키워가던 부모가 자녀의 사춘기를 맞이하며 정서적 담을 쌓고 살아가는 경우가 그런 이유 때문이다. 존중과 소통의 교육 태도의 일관성을 유지하는 것이 중요하다.

프로이트 이후 정신분석 학자들은 인간이 살아가면서 7세까지 무의식에 부모의 행동 패턴을 입력하고 미래의 행동 기준을 만든다고 한다. 그 이후는 부모가 보여준 대로 삶을 연습해 가는 것이다. 세포생물학자 브루스 립튼 박사는 출생 후 만 6세까지 부모의 기본행동, 신념, 태도 등을 관찰한 아이는 무의식 속에 시냅스라는 경로의 형태로 정보를 아로새긴다고 말한다. 6세까지의 어린이들은 뇌의 주파수 중 세타파 활동이 우세하게 나타나는데 이런 낮은 주파수는 많은 양의 정보를 뇌에 저장해 환경에 적응하도록 돕는다고 한다. 아이들은 환경을 주의 깊게 관찰하면서 부모의 모습을 무의식에 저장하고 그 결과 부모의 행동과 믿음이 그대로 아이에게 전달된다.[21] 그러므로 부모는 자녀가 태어나는 시점부터 자녀에게 모범을 보이고, 아이를 존중하며 독립적으로 키울 생각을 해야 한다.

EBS에서 독일과 캐나다 부모와 한국 부모의 교육 태도를 비교[22]해서 방영한 적이 있었다. 해외 부모들의 경우 한국 부모들보다 자녀를 독립적으로 키워가려는 노력이 뚜렷했다. 아이를 대신해 무엇인가를 해주는 일은 거의 없었다. 공통으로 독일과 캐나다의 부모들은 아이들에게 자연과 함께하고, 아이의 자립심을 키우는 교육방식을 가지고 있었다. 일관성 있는 태도를 유지하려는 것도 공통적이었다. 반면 우리나라 부모는 더 많이 간섭하고, 더 많이 지적하고, 아이의 일을 대신 해주려고 했다.

OECD 교육선진국 PISA[23] 1위인 핀란드도 마찬가지다. 아이들의 자립을 돕는 교육과 자녀가 가진 독특한 재능을 소중하게 본다. 특히나 핀란드는 학생 간에 성적 경쟁을 없앤 국가로도 유명하다. 어제의 나보다 나은

---

21) 브루스H.립턴, 당신의 주인은 DNA가 아니다, 두레. p.221.
22) EBS 부모, 2015년, 독일과 캐나다 한국의 육아 문화 어떻게 다를까요?
23) 학업성취도 국제 학력평가 테스트

나를 만들어 가는 것을 목표로 삼고, 성적표에 기록되는 성적은 각각 다른 개인의 목표를 성취하는 것으로 대체한다.[24] 그런데도 그들은 전 세계 교육성취도 평가에서 매년 1위를 놓치지 않는다. 친구가 경쟁 상대가 아니라 어제의 자신이 비교 대상이자 경쟁 상대라고 여긴다. 참 이상적인 교육 형태라고 생각한다. 우리나라도 그렇게 변화해 가길 기대해 본다.

센터에 나오는 부모님 중 한 분의 이야기다.

두 딸 아이를 키우는 엄마로 아이들을 신앙심이 깊고 반듯한 자녀로 키우고 싶었다. 어려서부터 성품훈련을 했고, 부모가 생각하는 옳고 그름을 가르치며 훈육 위주로 키워왔다. 아이들은 무엇인가를 해야 한다는 마음이 강했고 항상 바른 모습을 보이려고 노력했다. 우리 센터에 나온 후 자녀를 독립적으로 키우자는 취지에 공감하여 자녀의 생각과 감정을 인정하고 자녀의 재능과 몰입을 지켜보기로 마음을 정했다. 자녀의 속도에 맞추기 위해 엄마의 조바심을 내려놓기 시작하자 아이들은 점점 행복해졌고 자신의 재능을 찾아가는 일에 몰두할 수 있게 되었다. 지금은 두 아이가 창의적 과제를 해올 때마다 친구들과 교사들에게 칭찬 세례를 받곤 한다. 자율과 책임을 알게 되고 아이들은 더 많이 웃게 됐다.

아이가 행복하고 스스로 자기 길을 찾고자 의지를 발휘하면 부모의 할 몫은 거의 끝나간다. 아이들이 자기 인생의 주체자로 서가는 모습을 지켜봐 주면 된다.

아이들 스스로가 자기 인생의 주인공임을 지지해주는 것, 스스로 선택할 수 있고 선택한 것에 책임을 질 수 있게 격려하는 것, 독립적으로 설 수

---

24) 한겨레, 학원·등수 없는 핀란드, 평등교육이 '최우수' 비결, 2008.2.15 김기태기자

있게 도와주는 것이 부모의 몫이다.

아이는 아이만의 인생이 있다. 어떤 이유에서건 그것을 부모가 가로채서는 안 된다. '이렇게 해야 한다, 저렇게 해야 한다'라는 조건적 의무가 늘어날수록 아이들은 자기 내면의 잠재력을 꺼낼 수가 없다. 독립심을 갖기가 어렵고 양육자에게 종속되기 쉽다.

인지심리학자 앨버트 앨리스(A.Ellis)는 부모가 조건화된 의무를 강조할수록 자녀에게 정서장애가 생길 수 있다고 말한다.

"나는 훌륭한 사람이어야 해", "나는 실수해서는 안 돼"같이 자신에 대한 당위성을 갖게 되고, "저 친구는 나에게 잘해줘야 해", "아빠는 이렇게 해야 해" 등 타인에 대한 당위성을 갖게 된다. "우리 집은 깨끗해야 해", "우리 집은 화목하게 보여야 해"처럼 상황에 대한 당위성도 가질 수 있다. 모두 건강하지 않은 정서 상태다. 한국의 경우 유교적 영향과 타인의 시선을 많이 의식하는 사회 분위기 때문에 자녀를 교육할 때 "이렇게 행동해야 한다"라는 당위적 의무를 부여하는 경우가 많다. 기억해야 할 것은 의무와 당위성이 늘어날수록 아이는 자유롭지 못하고 독립적이지 못하다.

아이를 신뢰해 주고 스스로 책임을 질 수 있도록 어려서부터 교육하는 것이 아이의 정서 면에도, 독립심을 키우는 데도 도움이 된다. 진정 좋은 부모는 아이가 스스로 설 수 있도록 돕고, 바른 가치를 가르치되 억압적이지 않은 부모다. 부모는 인생의 모범적 선배이자 함께 걷는 동행자다.

부모가 정한 삶의 우선순위가 자녀교육 패턴을 결정한다

제인 넬슨, 교육심리학 박사, 《긍정훈육》 저자

PART 2

·

부모와 아이가 함께
성장하는 독립육아

1
독립육아의 시작: 마인드 세팅

독립육아에 들어가기 전 어떤 마인드로 자녀 양육을 시작할지 생각해 보자. 무턱대고 아이를 독립시키자는 말이 아니다. 현시대에 맞게 부모의 교육 마인드를 하나씩 점검하며 정리해 보자. 우리의 아이들이 세상을 살아갈 때 부모의 교육관에서 안정감을 얻을 수 있도록 부모가 마음 점검을 해 보며 한 걸음씩 옮겨보자.

01

하마터면 잊을 뻔! 무엇 때문에 자녀교육하고 있나?

엄마들은 어린아이들이랑 실랑이하는 동안 정신 놓는 날이 다반사다. 하루 세 끼 밥 챙겨 먹이는 일이라도 제때 해내면 스스로 대견한 마음이 든다. 아침부터 장난감 가지고 싸우기가 일쑤고 엄마의 마음을 다스리기도 전에 소리부터 쳐야 상황이 종료되는 듯하다.

아이가 좀 자라면 학교 다니며 신경 쓸 일은 왜 이리 많은가? 친구 관계는 괜찮은지, 학업은 뒤처지고 있는지 안달복달하는 날이 하루 이틀인가! 그러는 동안 우리는 왜 이러고 있는지 갑자기 멍해지는 날이 온다. 다행히 아이들에게 별다른 문제 없이 살다가 문득 엄마가 무엇을 위해 교육하는지 알아채면 다행이다. 하지만 아이들에게 무슨 문제라도 생기고 나서 깨닫는 날이면 눈물, 콧물 쏙 빼고 나서 '내가 뭐하나?' 싶다.

우리가 잊지 말아야 할 한 가지가 있다. 내가 왜 교육을 하고 있는가다.

옛 부모들은 논밭에서 자식들 신경 쓸 겨를도 없이 보냈는데 아이들은 스스로 크듯 커갔다. 그리고 독립해서 부모에게 선물 보따리 들고 은혜 보답한다고 제비 새끼 둥지 찾아오듯 날아들었다. 그 많은 자식을 어찌 그리 수월하게 키워냈을까?

옛 부모들은 아이들이 자기 먹을 밥그릇은 자기가 챙긴다는 말을 믿었다. 어쩌면 그게 옛 부모들의 교육 마인드였는지 모른다. 세상에 태어나 독립하기 위해 스스로 길을 찾아갈 것을 믿어 준 것 말이다.

오늘날 교육의 전문가들에게 자녀교육의 궁극적인 목표가 뭐냐? 물으면 건강한 사회 일원으로 독립시키는 것이라고 말한다.

기억하자. 아이가 나를 떠나 건강한 사회의 일원으로 독립해 나가는 것이 내가 교육하는 목표다. 거기가 나의 교육의 종착지인 것이다.

내 것인 양 소유 삼지 말자. 은근히 조종하지 말자. 함부로 명령하지 말자. 몸이 작다고 영혼이 작은 것은 아니다. 나와 같은 영혼을 지닌 한 인격체다. 존중하며 키워가자.

작고 귀여운 모습으로 우리에게 와서 사랑을 주는 존재의 기쁨을 함빡 즐기자. 그것이 부모인 내가 받는 보상의 전부라고 믿자. 더 뭔가를 바라지 말자. 내가 못다 이룬 꿈을 이룰 대용품이라고 생각지 말자. 나의 자존심을 세워줄 또 다른 나의 자아라고 여기지 말자.

엄마인 나 아니면 만족하지 못하는 사랑 가득한 작은 아기로 인해 부모는 충분히 보상을 받는다. 그 이상은 욕심이다. 아이는 아이만의 소망과 꿈을 만들어 가야 하는 존재이고, 그렇게 해서 독립해야 아이도 행복하다는 것을 기억하자. 아이는 애완동물처럼 영원히 나를 바라보지 않는다. 이 아이는 나에게서 독립할 날을 기다리는 인격체다.

4차산업혁명이 물밀 듯 들이닥쳐 아이들이 살아갈 미래가 불안해 뭐라도 더 시키려고 닦달하며 불안해하지 말자. 이런 직업도 있고, 저런 직업도 있다. 아직 생겨나지 않은 직업들이 더 많다. 아이들이 무엇에 흥미가 있는지, 어떤 일에 관심을 보이는지 먼저 잠잠히 지켜보자. 그 아이가 살아가는 인생이다. 스스로 즐거워야 몰입할 수 있다.

OECD 아동 청소년 한국 자살률을 보면서 안타까운 것은 근 5년간 매년 5.2%씩 증가했다.

경제적으로는 살만한데 학업 스트레스와 가정불화, 친구 문제로 여전히 아이들은 힘들어 하고 있다. 지난 10년간 청소년 사망원인 1위는 변동 없이 자살이다.[25] 2019년 통계치를 보면 청소년 4명 중 1명 이상은 2주 내 일상생활을 중단할 정도로 슬프거나 절망감, 우울감을 느낀 것으로 나타난다. 여학생의 우울감은 남학생보다 높았고, 성별 관계없이 학년이 올라갈수록 증가했다. 가출 청소년 10명 중 7명은 부모님과의 갈등으로 조사됐다.

우리의 아이들이다. 사랑으로 소중히 여기자. 관계가 익숙해졌다고 함부로 해도 되는 관계로 여겨서는 안 된다. 매일 아침 아이의 얼굴을 보며 새롭게 느끼도록 해 보자. 어제보다 조금 더 성인이 되고 있는 존재로, 독립의 날이 가까워 왔다고 느껴보자.

스티브 잡스는 양부모에게서 자라났다. 어린 시절엔 버림받았다는 내적

---

25) 올해 14% 극단적 생각, 자살률 1위 한국 더 우울해졌다. 머니 투데이, 2020.11.7.

인 고민이 많은 아이다 보니 혼자 책에 파묻혀 지내기 일쑤였다. 학교 갈 시기가 되자 너무 다양한 지식을 알아버린 잡스는 학업에 흥미를 느끼지 못하고 장난을 일삼았다. 폭탄을 만들어 교사 의자에서 터뜨리고, 친구들의 자전거 비밀번호를 바꿔놓고, 애완동물 등교일이라는 기발한 발상을 포스터로 만들어 붙여 학교에 동물들이 돌아다니게 만들기도 했다. 정작 징계를 맞고 온 스티브를 아버지는 꾸중하지 않고 호기심을 못 받아준다며 교사들을 나무랐다. 스티브 아버지는 아이가 스스로 흥미 있어 할 경험을 해주기 위해 노력하였다.

스티브는 중고등학교 시절에도 독선적인 성격 때문에 친구들이 곁에 있기를 어려워하는 인물이었다. 그러나 부모는 아이의 창의적이고 독립적인 성향을 지지하고 스티브가 훌륭하게 자라 독립할 거라 믿어 주었다. 나중에 스티브가 학교를 중퇴하고 부모의 차고에서 애플을 설립한다고 했을 때도 든든한 지원자가 되어 주었다.

부모는 어떤 사람이어야 할까? 어떤 상황에도 아이 편에서 지지하고 믿어 주며 건강한 독립을 기대하며 격려하는 사람이다.

지금 우리는 정서적으로 아이 편에 서 있는가? 아니면 아이의 반대편에 서 있는가? 무엇을 위해 거기에 서 있는가 다시 한번 생각해 보자.

아이가 자기주도적으로 하고 싶은 일을 찾으면
그것은 고스란히 삶의 열정으로 바뀐다.

김경희 교수, 교육 노벨상 토런스상 수상자, 〈틀밖에서 놀아라〉 저자

02

행복 추구가
중요한 시대가 오고 있다

지역 맘카페에 가입하면 유익한 교육 정보들과 함께 "조바심"이라는 감정을 덤으로 얻는다. 자녀의 나이에 맞는 발달상태, 책 정보, 육아 정보, 놀이 정보, 학원 정보 등 쏟아지는 교육 정보들을 다 따라잡으려다 보면 가랑이가 찢어질 지경이 된다. 그런 교육 정보대로 아이를 끌고 다니다 가도 아이의 상태가 부모의 마음에 차지 않으면 비교와 비난 일색이 되곤 한다.

흔히 실수하는 우리의 모습이고, 한국 부모들의 유형이다. 크게 숨을 들이쉬고 자녀를 자세히 보자.

내 아이가 이웃집 아이와 같은 아이인가? 나는 이웃집 부모와 같은 부모인가? 세상에 이런 아이가 두 명 있는가? 이 독특한 아이를 비교한다면 누구와 비교해야 형평성 있는 비교가 될 것인가?

큰 숨을 쉬고 세상에 하나밖에 없는 아이를 자세히 들여다보고 나서 정신을 좀 차려 보자. 세상에서 이 아이는 단 한 명뿐이다. 이 아이가 가진 재능도 이 아이만의 것이다. 독특한 재능을 찾아서 발휘할 기회를 주고 당당하고 행복하게 독립 연습을 시킬 때가 어린 시기라고 하다면 난 무엇을 도울 수 있을까? 유명 대학에 들어가게 하려고 초등학교부터 학원가를 돌며 사지선다 문항에 정답 찾기로 어린 시절을 보내게 할 것인가? 아니면 아이가 행복한 삶, 주도적인 삶, 성취하는 삶으로 이끌 것인가?

미래 학자들은 머지않은 미래에 인간은 더욱 자신의 행복과 자아 성취에 민감해진다고 보고한다. 선진국들이 복지와 삶의 질을 핵심가치로 여기고 더욱 중요시하는 것을 보면 우리의 미래 방향성도 쉬이 짐작해 볼 수 있다.

실리콘밸리 종사자들이 인공지능 시대를 예측하는 말들을 몇 가지 들어보자.[26]

1. 기존 업무는 대부분 인공지능으로 대체된다.
2. 인간의 작업 시간이 줄어들어 남는 시간이 많아진다.
3. 국가가 최저생활 수준을 보장할 가능성이 있다.
4. 돈을 위해서가 아니라 "행복을 위해 산다"라는 사람들이 늘어난다.
5. 사회 활동이나 비영리기구 활동이 늘어난다.

몇 가지만 보더라도 미래 사람들이 살아갈 모습이 어떨지 짐작이 가지 않는가? 최저생활이 보장되고 주어지는 시간이 넉넉한 시대를 산다면 사람들은 돈만을 추구하는 인생이 아니라 자아 성취와 행복을 함께 추구하

---

26) 진노 겐키, 인공지능 시대를 살아가는 우리 아이 키우는 법, 한스미디어. p.11.

는 삶이 당연시되게 될 것이다.

　이미 그런 삶의 방식을 선택해 살아가는 현대인들을 볼 때면 우리 가슴은 설렌다.

　"아띠인력거" 이인재 씨는 미국에서 대학을 나와 증권가에서 2년을 지낸 수재다. 그는 증권사 일에서 한 번도 가슴 뛰는 기쁨을 맛보지 못했다. 그는 어느 날부터 부모님께는 출근하는 것처럼 집을 나와서 인력거꾼이 되었다. 인력거를 끌고 서울 사대문을 달리며 삶의 기쁨을 느낀다. 그는 손님을 태우고 서울 고궁들을 돌고 북촌을 돌아다니며 시시콜콜 동네 이야기를 하는 인력거 끄는 사장이 되었다. 그리고 그의 사업은 2015년 문화체육관광부 창조관광기업으로 선정되었다.[27]

　그는 증권계의 삶은 자신에게 맞지 않는 일이라 여긴다. 그래서 후회도 별로 없다. 자신이 즐기며 행복할 수 있는 일에서 성과를 얻으며 즐겁게 살아간다. 이것이 요즘 사람들의 트렌드다. 미래는 이와 같은 일이 더욱 보편적인 현상이 될 것이다. 자신이 즐기며 성취감을 느낄 수 있는 일을 선택하게 될 것이다. 그 일이 창조적인 일이라면 금상첨화다.

　김훈이 셰프는 미국 버클리 의대를 뒤로하고 부모의 만류에도 의사 가운을 벗고 자신이 좋아하는 셰프의 길을 걷기 시작했다. 서른 살에 늦은 자기발견, 그는 용기를 내서 요리에 뛰어들었고 열정과 몰입으로 뉴욕에

---

27) 아띠인력거 백시영 대표 "취업이 삶의 목표가 돼서는 안 되지요", 주간조선, 2016.11.21.

한식 레스토랑 "한잔"을 오픈한다. 그의 노력과 열정은 식당을 연 지 1년도 안 되어 미슐랭의 인정을 받게 된다.[28]

"의사로 회진을 돌 때마다 부담감은 나의 삶을 더욱 힘겹게 만들었다. 그러나 지금 하루 16시간을 일하는 날도 있지만, 만족스럽고 행복하다. 한국인으로서 자긍심을 가지고 일하고 있다. 한국 음식을 세계에 알리고 싶은 꿈이 있다."라고 말한다. 그는 지금 자기 삶의 성취에 만족한다. 의사 가운보다 쉐프의 유니폼에서 편안함을 느낀다.

이제 시대가 바뀌어 가고 있다. 사회적으로 인정된 직업, 돈과 명예를 위해 살아가던 형태에서 자신이 열정적으로 뛸 수 있게 하는 일들을 찾아가고 있다. 이러한 변화는 지극히 바람직하다고 본다. 누구에게나 한 번밖에 없는 인생이 아닌가? 자신이 즐기고 몰입할 수 있는 일을 발견한다면 얼마나 큰 행운인가?

엘리자베스 퀴블러로스 박사는 평생 죽음을 앞둔 중증환자를 돌보는 일을 하며 호스피스 운동을 일으킨 사람이다. 그는 수많은 사람의 죽음을 지켜보며 그들이 죽음 앞에서 아쉬워하는 한결같은 이야기를 듣게 되었다.

"내가 진정으로 원하는 일을 해야 했는데…"

다른 사람들의 눈치를 보며 타인들이 원하는 삶, 해야만 하는 일에 자신이 붙잡혀 살았다는 것을 말하더란 것이다.[29] 우리가 자녀를 이렇게 키

---

28) 맨허튼 52번가 뉴요커 밥집 "단지&한잔" 김훈이 세프&대표, whiznomics, 2019.1.26.
29) 엘리자베스 퀴블러로스, 인생 수업, 이레. p.23~33

우리 아이 첫 독립육아

위가고 있는 것이 아닌가 생각해 보자.

부모의 눈치를 보며 부모가 원하는 직업, 부모가 원하는 학과에 들어가고자 자녀가 자신의 삶을 내던지고 있는 게 아닌가 깊이 생각해 보자.

미래로 갈수록 자아 성취에 대한 욕구가 늘어나고, 단순 업무들은 인공 지능화된 기계들이 맡을 것이다. 창의적 상상력을 발휘할 일들이 우리 아이들의 몫이 된다. 아이들이 행복하고 창조적인 기쁨을 맛볼 수 있는 삶을 살게 하자. 그런 일들에 아이들이 도전하게 해 보자.

스스로가 선택하고 생각하는 일들 말이다.

그들의 영혼이 살아있음을 감사할 수 있게 하는 일들 말이다.

부모가 살고 싶었던 그 삶 말이다.

사람들은 생명이 얼마 남지 않았다는 진단을 받고서야 자신이 누군지 생각하게 된다. 자신의 진정한 가치를 알아보지 못한 채 다른 사람의 눈에 가치 있게 보이기 위해 살아왔다는 걸 깨닫는다. 하고 싶은 일보다 해야 할 일에 자신이 얼마나 붙잡혀 있었는지 삶의 끝에서야 알게 된다.

엘리자베스 퀴블러로스 박사, 호스피스운동 선구자, 〈인생 수업〉 중

03

희망을 꿈꾸는
긍정 엄마가 웃을 수 있다

자녀의 무의식을 만들어 가는 부모

자녀의 무의식은 어린 시절 내내 형성되었고, 지금도 그 과정은 계속되고 있다. 프로이트는 무의식이 우리 행동의 90% 이상을 차지한다고 말할 만큼 그 영향력을 크게 보았다.

성인들은 무의식에 저장된 과거의 습관적 기억을 따라 현재 무언가를 선택하고 행동하게 된다. 그 선택 과정은 무의식적이고 자동적이다. 현재 성인들이 하는 많은 행동은 무의식에 저장된 기억들의 결과다. 부모는 현재 내 아이의 무의식에 어떤 정보가 저장되고 있는지 잘 살펴보아야 한다. 긍정적이고 좋은 기억인지 부정적이고 아픈 기억이지 말이다.

어린 시절 양육자와의 관계는 성인이 된 후 삶을 살아가는 데 큰 영향을 준다. 인간관계나 성격, 상황을 대하는 태도 등에도 영향을 준다. 우리는 아이의 인생에서 중요한 무의식적 기초를 놓는 시기에 아이와 함께하고 있다. 오늘 내가 하는 말과 행동이 아이의 무의식에 또 하나의 행동 패턴을 만들고 있다.

어떤 이들은 아이의 아이큐나 유전자의 영향력을 극대화하려는 경향이 있다.

"똑똑한 부모 밑에 똑똑한 자녀들이 나오는 게 당연하지"

"건강한 부모 밑에 태어나야 건강하지. 우리 집 애는 약골이야."

"부모가 부자여야 애도 부자가 된다니까"

이런 말들로 그들은 현재 아이를 교육하는 일보다 유전적 요인이나 환경적 문제를 운운하며 자신의 책임을 회피하려 한다. 최고의 환경을 제공하지 못한다는 생각이 들면 자녀에게 미안한 생각이 들기도 한다.

그러나 현대 정신 의학과 후성 유전학의 발전으로 유전자를 이기는 생각하는 힘에 대해 밝혀지고 있다. 유전을 이길 수 있는 것이 후천적인 생각이라는 것이다. 다시 말해 후천적 교육이라는 말이다.

캐롤라인 리프 박사는 '생각'은 우리 몸에서 신경 신호와 물리적 흐름을 만들어 내고, 특정한 형태의 단백질을 만든다고 말한다. 부정적 생각들은 신경 신호를 만들 때 해로운 형태의 단백질을 만들고, 긍정적 생각은 몸에 유익한 형태의 단백질을 만들어 낸다. 이것은 DNA에 기록되고 후대에까지 영향을 미치는데 길게는 4대손까지 영향을 준다고 한다.[30] 우리가 현재하는 말과 생각들이 중요하다는 것이다. 긍정적 태도와 생각은 몸의

---

30) 캐롤라인 리프, 뇌의 스위치를 켜라, 순전한나드. p. 23

건강뿐 아니라 사고체계에도 영향을 주며 인간관계에도 영향을 준다.

우리가 아이들에게 남길 유산은 돈이나 부동산이 아니라 긍정적 사고, 생각하는 힘인 것이다.

남아프리카의 낙후된 지역의 초등학생들에게 의도적으로 긍정적 생각하는 힘을 실험하였다. 교사가 수업 전에 아이들에게 밝은 목소리로 매일 다음과 같이 말했다.

"너희들은 배우는 학생이고, 학생은 배운 것을 다른 이들에게 전해 주는 좋은 학자란다."

아이들은 매일 배운 내용을 부모나 동생들에게 이야기하기 시작했고 아이들의 성적은 향상되어 수도권의 명문 학교 아이들과 같은 능력치 결과를 보여 주었다.[31]

아이들에게 교육적 효과를 주는 것은 주변인들이 보내는 신뢰에 근거한 말이다. 이 말을 실제로 받아들인 아이들은 그 믿음대로 자신의 미래의 모습을 구체화한다.

우리가 잘 아는 수영 황제 펠프스는 어린 시절 ADHD를 앓았다. 지나치게 산만하고 가만있지 못해 엄마가 수영장을 데리고 갔다. 거기서 아이는 격려받으며 자신의 병을 잊고 수영에 몰입하게 된다. 유전보다 중요한 것은 아이의 재능을 인정해주는 환경이고, 긍정적으로 봐주는 주변인들이다. 긍정적 피

---

31) 캐롤라인 리프, 뇌의 스위치를 켜라, 순전한나드. p.22

| 펠프스 | 질리언 린 |

출처: AFP연합뉴스

드백이 주어지는 교육 환경에서는 열악한 유전적 요인을 뛰어넘을 가능성이 크다. 그런 의미에서 우리의 아이들에게는 항상 가능성이 열려있는 것이다.

〈캣츠〉, 〈오페라의 유령〉의 안무가 질리언 린(Gilian Lynne)도 학교에 적응하지 못해 학교를 몇 번이나 전학을 다닌 아이였다. 어린 시절 아이가 전학 갈 때마다 부모는 아이가 또 얼마나 학교생활을 버텨낼 수 있을지 고민해야 했다. 그러나 아이는 어느 날 무용 학교를 알게 되면서 날개 달린 천사처럼 변할 수 있었다. 몸을 자유롭게 움직이는 자신에게서 가능성을 본 것이다. 교사들의 칭찬에 힘입어 무한 반복적으로 무용 연습을 하게 되었고, 드디어 그녀는 자기 분야에서 인정받게 되었다. 발레의 주인공은 물론이거니와 안무가로도 명성을 떨쳤다.

어떤 아이도 불가능한 아이는 없다. 부모든 교사든 아이의 미래를 긍정적으로 봐주고 지지해 줄 수만 있다면 아이는 자신을 믿을 것이다. 그리고 내면의 잠재력을 무한 발휘할 것이다.

희망을 꿈꿔라.

긍정적으로 자녀의 미래를 바라봐라. 자주 아이에게 얼마나 사랑하는지, 기대하는지, 믿고 있는지, 지지하는지 말해 줘라.

아이는 부모의 말과 미소를 기억에 남길 것이다. 이것은 무의식에 깊이 새겨져 그가 인생을 살아가며 꺼내 드는 삶의 강력한 무기가 되어 줄 것이다.

자녀를 긍정적으로 바라보기 위한 부모 자가치유법

사람은 자신이 느끼고 생각하는 대로 상황과 사람을 보기 마련이다.

어떤 부모는 자기 자녀를 보며 부정적 감정을 느낀다. 짜증이 나거나 화가 나거나 비난을 퍼부을 상황만 보인다. 대부분은 어릴 적 자신의 부모에게 받은 경험과 감정을 답습하는 경우다. 무의식에 눌러 놓은 감정과 행동이 현실에서 비슷한 상황으로 재현됐을 때 그대로 미러링(mirroring) 되는 것이다.[32] 어릴 적엔 피해자였지만 부모가 된 지금 가해자가 되는 것이다. 부모에게 돌봄은 받지 못하고 성장한 사람들은 자신의 자녀가 도움의 눈길을 보내도 무심히 돌아선다. 억압적인 훈육을 받았던 사람들은 자기 아이가 별 것 아닌 일을 했어도 과도히 화를 내거나 회초리를 든다.

이때 부모가 자신의 어릴 적 부모를 그대로 답습하고 있다는 것을 "알아채는 것"이 중요하다. 이유도 불명확하게 자녀에게 함부로 하는 자신을

---

32) 이자벨 피오자, 아이 마음속으로, 청어람미디어, p.74. 내가 어릴 적 눌린 감정이 있으면 내 아이가 필요로 하는 것을 제대로 볼 수 없다. 오랫동안 억눌려 있었으므로 과장될 수밖에 없는 욕구를 아이에게 투사하거나 내 고통을 잊기 위해 모든 것을 부정한다.

눈치채지 못하면 해결책을 찾는 것은 불가능하다.

무의식의 행동은 폭압적이다. 게다가 무의식적인 행동은 아무 저항감 없이 흘러나온다. 그래서 양심에 가책도 느끼지 못하고 자녀를 함부로 대하게 된다. 자신의 행동을 의식화시켜서 바라볼 필요가 있다. 왜 자신이 그런 행동을 하고 있는지 무의식 깊이 눌러놓은 경험과 감정이 무엇인지 꺼내 보는 것이다.

이런 치유작업을 하다 보면 자신의 부모에 대한 분노가 올라오기도 한다.

우리의 부모들이 훈육형 부모였든, 방임형 부모였든, 폭력적 부모였든 그들 또한 불운한 역사 속의 연약한 아이들이었다. 우리가 부모가 된 후 교육을 받고 양육 태도를 배워 우리의 부모를 판단하고 탓한들 나아질 것은 없다. 그들도 연약한 부모였다고 인정하고 마음속에서 내려놓는 작업이 필요하다. 당신의 부모를 비난하는 것으로 궁극적인 치유가 되지 않는다. 내면의 투사는 투사를 나을 뿐이다.

나 스스로 어린 시절 눌린 무의식의 어린 자아를 이해해 주고 감정적으로 공감해주는 것이 치유의 첫걸음이다. 어린 시절 이해받지 못하고 공감받지 못했던 내면의 어린 자아를 향해 성인이 된 내가 감정적으로 공감해주는 것만으로도 치유가 일어난다.

"힘들었겠다. 많이 힘들었겠다."

이런 공감의 말 한마디가 자신의 눌린 자아의 감정을 풀어지게 할 수 있다.

부모가 치유되어야 자녀에게 상처를 남기지 않는다. 어린아이들은 생존하기 위해 부모인 우리에게 자신을 맞추려고 한다. 생존하고 받아들여지기 위해 울음을 그치는 법, 얌전한 아이가 되는 법, 가만히 있는 법을 배운다. 아이가 나를 통해 세상을 배우고 있다는 사실을 기억하자. 나의 조건 없는 사랑이 필요한 어린 존재라는 사실을 기억하고 편안함을 선물하자.

자녀에게 긍정적 말들이 나오지 않을 수 있다. 자신도 들어보지 않은 긍정의 말들을 하기란 여간 힘든 일이 아니다. 좋은 부모가 되기 위해서는 의식적인 노력이 수반되어야 한다. 당신을 응원한다.

당장 말하기 어색하고 내가 아닌 것처럼 느껴지더라도 자녀를 향해 사랑과 긍정의 말들을 시도해 보라. 습관이 될 때까지 의도적으로 노력해 보라.

그러면 자녀는 당신의 어린 시절과는 다른 긍정적 경험들을 무의식에 채워 나갈 것이다.

당신의 자녀는 행복한 추억 가운데 훌륭한 성인으로 자라날 것이다.

인생을 긍정적으로 바라보게 교육하라. 어떠한 상황에서도 감사를 찾을 수 있는 사람이 되게 하라. 사람의 일생은 그 사람이 생각한 대로 된다.

웨인 다이어, 〈아이의 행복을 위해 부모는 무엇을 해야할까?〉 중에서

우리 아이 첫 독립육아

04

엄마의 마음속
어두움을 몰아내라

아이는 본능적으로 살아남기 위해 부모의 감정에 민감하게 반응한다. 아이가 건강하게 자기표현을 하고 자신을 믿고 새로운 것에 도전할 수 있으려면 부모의 지지와 격려가 필요하다. 그런데 부모가 내면의 두려움과 우울감에 갇혀 있으면 아이는 부모를 신경 쓰느라 앞으로 나갈 수가 없다.

다음은 부모를 신경 쓰느라 자신을 희생한 아이의 이야기다. 이 아이는 당신일 수도 있다.

38세의 한 엄마는 아이를 키우며 자기 삶에 무언가가 잘못됐다고 느껴져 상담 센터를 찾아왔다.

"난 어릴 적 엄마에게 왕관의 보석 같은 존재였어요. 엄마가 자기성취를 할 수 있도록 가정에서 두 동생을 돌봐야 했죠. 엄마의 사랑을 느낄 수 있으려면 나의 외로움과 상실감을 능숙하게 자제해야 했어요. 만일 내가 외롭고 힘들다는 말을 했더라면 엄마는 내게서 등을 돌렸을 거예요… 이젠 이와 같은 일이 내 아들에게서 똑같이 반복되는 것을 보고 있어요. 내가 대학 학위를 따는 동안 아들은 보모의 손에 맡겨져 멍하니 시간을 보내야 했어요. 얼마나 자주 아이를 소외시키고 있는지 몰라요. 그런데도 무슨 짓을 하고 있는지 몰랐어요. 내가 어릴 적 외로움의 감정을 표현하는 것을 금지당했기 때문에 같은 처지에 있는 아이의 외로움을 느끼는 것이 불가능했어요."[33]

이러한 사례는 심심치 않게 주변에서 찾아볼 수 있다. 대부분 아이는 부모가 자신에게 함부로 하더라도 부모에게 그것을 지적하지 못한다. 부모가 모성애, 부성애를 가지고 자녀를 사랑하지만 기억할 것은 아이도 부모 못지않게 자신의 부모를 사랑한다는 것이다. 자기를 희생하면서도 부모 곁에 있고 싶어 하는 것이 아이들이다.

자녀가 인생을 성공적으로 일궈가길 원한다면 부모가 먼저 자신의 무의식에 눌려있는 내면 감정을 치유하고 밝게 정돈할 필요가 있다. 정리되지 않은 부모의 어두운 내면은 아이들의 유년기를 갉아먹는다. 조건 없는 사랑의 빛을 나눠 줄 수 있는 부모는 아이들에게 가장 큰 인생유산이다.

무의식의 내면치유에서 가장 중요한 것은 어린 시절의 자신의 상황을 되짚어보고 그때 느꼈을 외로움, 절망, 슬픔 등의 부정적 감정을 인정해주는 것이다. 인정하고 공감해주고 풀어 놓아주는 것만으로도 치유가 시작된다. 한두 번 공감으로는 치유가 지속되지 않는다. 내면의 부정적 감정이 느껴질 때마다 그것을 인정하고 놓아버리는 과정을 반복해 보자. 그러면

---

33) 앨리스 밀러, 천재가 될 수밖에 없었던 아이들의 드라마, 양철북, p.90.

우리 아이 첫 독립육아

내면 감정이 훨씬 시원해지고 자유로움을 느끼게 될 것이다.

부모는 자신이 자녀를 대하는 태도가 무엇에 기인한 것인지 살펴볼 필요가 있다. 사랑의 감정에 기인한 것인지 다른 감정이 깔린 것인지 말이다. 만약 순수한 사랑이 아니라 자녀를 조종하려는 마음이 있다면 어릴 적 부모에게 조종 당해본 기억이 있는 것이다. 자녀를 향한 주된 감정이 분노라면 자신이 어릴 적에 존재만으로 인정받고 수용 받아본 기억이 없는 것이다. 자녀가 독립적으로 스스로 뭔가 해내는 것을 지켜보지 못한다면 아이들은 무능력하다는 어릴 적 내면의식이 자리 잡고 있는 것이다. 아이를 과도히 도덕적으로 훈육하고 있다면 옳다고 여기는 행위로만 인정받았던 어린 시절 기억이 있는 것이다.

부모가 먼저 자신의 양육 태도가 건강한지 확인해 보아야 한다. 어릴 적 자기 부모의 양육 태도를 되짚어보고 자신에게 나타난 영향력이 무엇이었는지, 무의식에 눌러놓은 부정적 감정은 어떤 것이 있는지를 확인해 보아야 한다.

자신의 행동 원인을 인식하고 변화를 위해 노력하는 부모가 진정한 부모다.

내면치유를 위한 뇌과학적 접근법

곁에 있으면 기분이 좋아지고 긍정적 에너지가 느껴지는 사람이 있고 반대인 사람들이 있다. 만약 내가 부모를 직접 선택할 수 있다면 당신은 어떤 부모를 선택하고 싶은가?

부모는 아이와 오랜 시간을 함께한다. 부모의 에너지는 고스란히 아이에게 전해진다. 부모가 행복, 기쁨, 평안의 감정을 자주 가지고 있다면 아이는 그런 감정을 자연스레 공유하게 된다. 반면 부정적 감정이 기저 감정이면 아이도 그런 부정적 감정에 익숙해진다.

인간의 본능적인 생존 감정에는 두려움, 분노, 슬픔, 놀람 등의 감정들이 있다. 감정 중추 편도체의 활성화로 만들어지며 생존하기 위해 본능적으로 반응한다. 이런 감정을 나쁘다고 말할 수 없다. 편도체는 생존에 위험을 느끼는 상황이 되면 과격하게 반응하고 위험이 아니라고 느끼면 경계를 푼다. 편도체가 망가진 사람들은 위험의 상황에서도 살기 위한 적절한 반응을 하지 않는다.[34] 그러니 부정적 감정이라고 해서 필요 없는 감정은 아니다. 부정적 감정도 인간의 생존을 위해 필요하며 감정을 잘 다스릴 수 있다면 문제 될 것은 없다.

어릴 적 두려움이나 분노, 절망, 외로움 등의 상황에서 부모로부터 공감이나 지지를 받고 자란 사람은 이와 같은 부정적 감정에서 수월하게 벗어나 일상의 평안을 유지할 수 있다. 하지만 부모의 공감 없이 홀로 그러한 상황을 견딘 사람들은 성인이 돼서도 그런 부정적 감정들을 해결하는 데 어려움을 겪게 되고, 감정을 부정하거나 다양한 방어 기제를 사용하게 된다.

부모가 이런 감정들을 다스리는 데 어려움을 겪는다면 자녀도 마찬가지일 가능성이 크다. 이러한 부정적 감정은 억누르면 병이 되고, 함부로 폭발해 버리면 주변 인간관계가 깨져버린다. 그럼 어떻게 해야 할까?

먼저는 부정적 감정을 인정하고 이해하려고 해야 한다. 그러한 감정을

---

34) 김상운, 왓칭, 정신세계사. p.170

나쁘다고 생각해 눌러버리면 잠깐은 해결되는 것 같지만 다시 드러나게 된다. 스스로가 감정을 인정하고 공감해주는 것이 중요하고, 주변인들이 함께 공감해준다면 더 좋다.[35]

센터에 나오는 한 엄마의 이야기다. 신실한 신앙인이었던 엄마는 분노나 혐오, 두려움의 감정은 종교적으로 용인되지 않는 감정들로 평소에 내면에 눌러놓고 지냈다. 그러면서 스스로 이유를 알 수 없는 우울감이 있었다. 부모교육을 들으며 감정은 좋고 나쁨이 없으며 자연스러운 현상이라는 것을 이해하고 감정을 인정하고 풀어놓기 시작했다. 자신이 감정에 대한 자유를 느끼자 우울감에서 빠져나올 수 있었고, 자녀들의 감정에 대해서도 용인하고 공감하는 것이 가능해졌다. 아이들도 엄마의 변화를 통해 자유를 얻게 되었다. 스스로 감정을 인정해주는 것만으로도 금세 좋아지는 것을 볼 수 있었다.

유럽의 경우 감정의 종류를 이해하는 것을 교과과정 중에 넣어 아이들이 자신의 감정을 읽어낼 수 있게 도와준다. 현재 우리나라에도 다양한 '감정카드'가 시중에 유통되고 있어서 내면의 감정을 읽어낼 수 있게 도와준다. 이런 카드를 활용하면 감정을 정확히 이해하는 데 도움이 된다. 부정적 감정이 발생했을 때 정확히 그 감정에 "슬프구나. 외롭구나. 질투가 나는구나. 화가 나는 구나" 이렇게 이름을 붙여주고 공감해주면 쉽게 가라앉는다. 부모도 자신의 감정을 인식하고 인정해 줄 필요가 있다. 그래서 그러한 감정이 내면에 머물지 않고 흘러가게 하는 것이다.

---

35) 최성애, 조벽, 존 가트맨, 내 아이를 위한 감정코칭, 해냄. p.57

하버드 대학 테일러 박사(Jill Taylor)는 부정적 감정을 조용히 지켜보는 것만으로도 90초 이내에 감정이 사라진다고 말한다.[36] 안 그런 경우는 사람들이 그 감정을 흘려보내지 않고 내면에 묶어놓기 때문이다. 상황을 곱씹으며 부정적 감정이 흘러가지 못하게 잡는 것이다.

내면을 평안함이나 기쁨 등의 긍정적 감정들로 채우려면 부정적 감정들을 흘려 떠나보내야 한다. 부정적 감정을 억누르거나 부정하지도 말고, 곱씹어서 붙들지도 말라.

자연스러운 감정이라 여기고 잠시 느껴주고 공감해주고 흘러 떠내려 보내라. 이것이 잘 훈련되면 자녀의 감정도 함께 공감해주고 이해해 줄 수 있다. 그런 감정이 생기게 된 원인과 해결책도 함께 이야기해 볼 수 있는 마음의 여유가 생긴다.

엄마도 어린아이였다. 엄마도 공감받지 못한 어린 시절이 있었다. 그런 상황이 만든 내면의 어두움을 이해하고 공감해주자. 어두움을 내면에 묶어두지는 말자. 그리고 충분히 느끼고 인정해주고 떠나보내자. 이제 오래 함께했던 감정들과 작별할 때다. 내 아이를 다시 내면의 어두움에 묶어놓지 않기 위해 용기를 내야 한다.

과거에 무시당하고 상처받은 내면 아이가 사람들이 겪는 모든 불행의 가장 큰 원인이다.

존 브래드쇼, 〈상처받은 내면아이 치유〉 중에서

36) 김상운, 왓칭, 정신세계사. p.177

05

사랑으로 키우기로 작정하기

흔히 부모의 사랑은 무조건적이라고 이야기한다. 내 부모에게 그렇게 들었고, 책에서 그렇게 읽었다. 내가 엄마가 되고 난 후 신적인 사랑, 그 조건 없는 사랑을 내면 깊이 경험할 거라 기대했다. 큰아이는 11시간이 넘는 진통 끝에 어렵게 출산했고, 태어난 아이의 얼굴을 보자마자 기절해서 한 시간 반이 지나서야 깨어났다.

그런 헌신으로 낳은 아이를 보며 숭고한 사랑이 내면에서 저절로 흘러 나오리라 기대했다. 본능적으로 아기의 울음에 반응하고 먹이고 재우고 입혔다. 아이의 필요에 즉각적으로 반응했다. 그런데 끊임없이 울어대는 아이와 온종일 씨름하다 보면 어느새 사랑이란 감정이 어떤 것인지 희미해졌다. 뒤이어 태어난 둘째까지 혼자서 독박육아를 하며 초췌해져 가는 시간을 엄마의 희생정신으로 버텼다. 남편이 바빠 돌봐 줄 이가 없이 혼자 두 아이의 필요를 24시간 채우기란 쉽지 않았다.

여러 한계 상황을 겪으며 사랑은 훈련돼야 하고 아이의 발달 단계를 이해해야 적절한 사랑을 줄 수 있다는 것을 알게 되었다. 노력 없이 저절로 이뤄지는 사랑은 없다. 사랑과 헌신으로 낳았더라도 부모가 훈련되지 않으면 제대로 사랑할 수 없다.

성인이 된 두 아이를 보며 더 많은 시간 사랑의 추억을 쌓을 걸 하는 아쉬움이 남는다. 이제 독립해서 부모 곁을 떠날 시간이 가까워져 온다.

이만큼 나이가 들고나서 엄마들에게 꼭 말해 주고 싶은 말은 "조건 없는 사랑은 내면에서 그냥 솟아 나오지 않는다"라는 거다. 어영부영 보내다 보면 빈약한 사랑의 기억들 몇 조각으로 아이의 어린 시절이 다 지나가 버릴 수 있다. 사랑도 훈련돼야 하고 끊임없이 노력해야 한다. 아이가 나를 향해 함박웃음을 지어 줄 때 다른 일을 제쳐두고 아이와 사랑의 감정으로 교감해라. 얼마나 아이의 존재를 기뻐하고 있는지, 소중한지를 표현해라.

고집을 부리며 한밤중 나가 놀자고 해도 피곤을 무릅쓰고 놀이터에 한 번 나가보자. 똑같은 책을 열 번을 읽어달라고 졸라 대도 마치 처음 읽어주는 것처럼 읽어줘 보자. 사랑은 받을 때가 아니라 내가 주고 있을 때 비로소 느껴진다.

아이가 손을 씻고, 식탁에 앉아 밥을 먹고, 예의 바르고, 공부를 잘 했을 때만 사랑해 주는 조건적 사랑에 스스로 익숙해지지 마라. 그러면 아이는 평생 사랑받기 위해 뭔가를 해내려 애를 쓰게 된다. 착한 행위 때문이 아니라 존재만으로 사랑받아 본 경험이 아이에게 있어야 한다. 그런 기억이 풍성할수록 단단해진다. 그것이 아이의 자존감의 근원이다. 평생을 버텨낼 수 있는 잠재의식의 소중한 기억이 된다.

공부 잘하는 것만이 아이를 성공으로 이끌지 못한다. 아이 내면의 힘, 자신을 향한 믿음이 아이를 성공으로 이끈다. 이것은 누군가 아이 곁에서 아이를 향해 조건 없는 사랑, 무한한 지지를 보내 줄 때 생겨난다. 그게 부모든 또 다른 양육자든 괜찮다. 그런 이가 인생에 한 사람만이라도 있다면 아이는 강하고 단단하게 성장할 수 있다. 부디 이 책을 집어 든 당신이 아이에게 그런 존재가 되어주길 바란다. 누구든 한 아이의 인생에 빛이 되어 줄 수 있다.

사랑으로 키운다는 것은 발달 단계를 이해하고 아이의 독립 욕구를 허용하는 것

사랑으로 키운다는 것은 어린아이가 세상에 와서 탐험하는 행동들을 포용력 있게 긍정적으로 봐주겠다는 결심이다.

작은 아이는 태어나면서부터 이 세상 탐험을 시작한다. 보는 것, 맛보는 것, 손을 움직이는 것, 말을 배우는 것, 이 모든 것이 세상 탐험이고 배움이다. 아기일 때는 이런 움직임을 기쁨으로 바라봐 줄 수 있다. 그런데 아이가 나이가 들어가면서 한 번씩 반항기를 겪는다. 세 살 전후로 고집스레 변하고, 다섯 살 전후로 또다시 2차 반항기를 겪게 된다. 아이가 홀수 나이를 지나가기가 부모에겐 쉽지 않다.

반항기에 다다르면 부모는 마음으로 훈육할 때가 됐다고 여기고 생각의자와 회초리를 찾기 시작한다.[37] 그러나 실제로 아이들은 반항기를 통

---

37) 우리나라는 작년까지 회초리가 용인되는 OECD 중 몇 안 되는 나라였다. 사랑의 매라는 개념이 오랫동안 한국인들에게 각인돼서 아이들을 훈육할 때 의례 사용되곤 했다. 근래 정인이 사건을 비롯해 아동 폭행 사망 사건이 계속되며 정인이법이 제정되며 63년 만에 자녀 징계권이 폐지되었다. 훈육을 목적으로 회초리나 폭력을 행사할 수 없다. 한국 자녀징계권 폐지(2021년 1월 8일)

해 자연스럽게 부모로부터의 독립을 연습한다. 부모에게 종속됐던 아이가 독립하려는 마음을 반항으로 표현하는 것이다. 아이의 반항을 당연하고 정상적인 것으로 받아들여야 한다. 반항 없이 부모에게 순종만 한다면 그것이 더 위험한 정서적 신호일 수 있다.

사랑으로 교육하기 위해서는 먼저 아이의 뇌 발달 단계를 이해하고 그 시기에 정상적인 상태가 무엇인지 인식해야 한다. 발달단계별 특징이 무엇인지 모르면 훈육할 일이 아닌 행동에 훈육으로 대처하게 된다. 그러면 아이의 세상 탐험은 위축될 수밖에 없고 도전을 두려워하게 된다. 부모와의 관계도 사랑으로 형성되기가 어렵다. 단계별 아이들의 특징을 이해하고 허용 범위를 넓히자. 그게 사랑으로 키우는 기본적인 방법이다.

한 살 전후 특징(태어나서~18개월)

한 살 전후로는 애착 형성이 되는 시기로 엄마와의 애착이 무엇보다 중요하다. 엄마를 통해 세상을 보고 느끼고 인식한다. 엄마가 즉각적으로 반응해 주는 것을 통해 아이는 세상이 안전하고 믿을 만하다고 느낀다. 이 시기엔 부모가 힘들더라도 아이와의 스킨십과 애정 어린 교감을 자주 해주어야 한다. 이 시기에 교감이 부족하면 아이는 병이 난다. 프로이센의 프레더릭 2세는 잔인한 실험을 했다. 이 시기의 아기들이 엄마와 교감을 할 수 없도록 하고 어떤 언어를 맨 처음 말할 수 있는지를 실험하는 것이었다. 교감이 없던 아이들은 언어를 말해보기 전에 모두 죽었다.[38] 이 시기의 아기들은 조

우리 아이 첫 독립육아

건 없는 보살핌과 사랑 어린 스킨십이 필요하다. 애착이 잘 형성되면 아이는 깊은 안정감을 누리고, 그렇지 못하면 아이는 존재에 대한 가치를 스스로 상실한다. 이 시기 아이들이 엄마의 반응 없이 외로움을 느끼면 성인이 된 후 중독이나 강박을 경험할 가능성이 크다. 그러니 아이를 안아주고 사랑의 말을 자주 해주자. 이 시기에 과도히 아이의 잠자리 독립을 시도하지 말아라. 어린아이에게 엄마와의 분리 불안감을 일부러 줄 이유는 없다.

세 살 전후 특징(18~36개월)

독립적인 특성이 처음 나타나기 시작한다. 엄마 의존의 상태에서 벗어나 스스로 해 보려는 의지를 갖는다. 엄마 껌딱지였던 아이가 "싫어, 내 거야, 내가 할래." 이런 독립의 말들을 자주 쓴다. 아이가 좋고 싫음을 표현한다는 것은 자아가 형성되고 있다는 것이니 불안해하지 말라. 엄마에게 무례한 행동을 하려고 일부러 그러는 게 아니다. 자기 경계를 정해야 건강한 성인이 된다. 부모가 원하는 것만 하는 아이로 만들지 말라. 부모의 말에 순종하게만 키우면 나중에 독립해야 할 때 독립이 불가능한 상태가 되기도 한다. 아이가 좋아하는 것을 인정해 주고, 싫어하는 것을 억지로 시키지 말자. 인사를 잘하게 만든다고 억지로 아이의 머리를 눌러 인사를 시키려고 하지 말자. 예절을 가르치더라도 아이에게 즐겁게 자연스럽게 가르쳐 줘야 한다. 아이는 아직 예절의 개념도 이해하지 못할 나이다.

38) 최희수, 배려 깊은 사랑이 행복한 영재를 만든다, 푸른육아. p.41

이 시기의 아이가 "내 것"이라는 말을 하면 인정하고 내주자. "동생에게 양보해. 언니에게 양보해"라며 아이의 소유권을 함부로 침범하지 말자. 이 시기 아이들의 뇌는 양보란 개념을 제대로 이해하지 못한다. 이 시기 자기 소유에 대해 인정받은 경험이 있어야 남의 소유도 인정해 줄 수 있다.

이 시기 아이가 "내가 할래"라며 자기가 어떤 것을 하려고 한다면 허용해줘라. 아이는 자기주도성을 배우는 중이다. 한국의 엄마들은 지나칠 정도로 대신해 주려는 경향이 있다. 완벽하게 보이게 하고 싶어 옷매무새를 엄마가 원하는 모습으로 정리해줘야 안심이 된다. 이 시기에 그런 일로 아이와 실랑이를 벌이지 말자. 아이가 독립적인 모습으로 설 것을 기대하며 서툴더라도 참아주고 스스로 해내는 모습에 박수를 칠 수 있어야 한다.

이 시기는 수치심이 발달한다. 이 시기에 아이들은 부모에게 수용 받고 있다고 느껴야 한다. 자주 거부당하면 아이는 존재적인 수치심을 느낀다.

특별히 형제, 자매간에 비교하지 말자. 비교의 말들을 통해 아이는 수치심과 무능력하다는 생각이 무의식 속에 깊이 각인된다. 이 시기 동생이 태어나면 큰아이는 안 하던 짓을 한다. 젖병을 물고 오줌을 싸기도 한다. 퇴행적 행동을 해서 부모를 힘들게 하곤 하는데 자연스러운 것으로 받아들여야 한다. 동생이 태어났어도 큰아이를 향한 사랑이 변함없다는 것을 느끼도록 더 사랑해 주자. 퇴행적 행동에 대해서도 과도히 지적하지 말고 당분간 하도록 놔둬라. 곧 흥미를 잃고 제 나이에 맞는 행동을 할 것이다. 부모의 허용 범위를 넓히는 것이 사랑으로 키우는 데 가장 중요한 요소다. 이 시기엔 이웃집에 놀러 가는 것도 자제하는 게 좋다. 아이에게 '하지 말라'고 자꾸 지적할 일을 미리 차단하는 게 좋다.

다섯 살 전후(36~72개월)

이 시기 아이들은 무법자다. 스스로 모든 일을 해야 한다고 생각하고, 모든 게 가능하다고 믿는다. 버릇없어 보이기 때문에 부모가 적극적으로 훈육을 하려는 시기다. 아이들은 모든 일에서 자신이 인정받기를 원한다. 대장이 되어야 놀이에 참여할 마음이 드는 시기다. 엘리베이터의 버튼은 꼭 자기가 눌러야 한다고 여긴다. 부모들은 이 시기에 아이들의 버릇을 잡으려 아이들을 칭찬하는 것을 자제하고, 못하게 하는 일이 늘어난다. 그러나, 아이가 이런 특성을 갖는 것을 정상이라고 여겨라. 이 시기에 이런 유능함의 감정을 인정받아야 나중에 실제로 유능함을 경험했을 때 건강하게 반응한다. 상상력이 발달해서 역할 놀이를 즐기고 스스로 자기가 좋아하는 동물이나 캐릭터라고 여긴다. 모두 자연스러운 현상이다. 아이가 공룡이라고 소리 지르고 돌아다녀도 책망할 일이 아니라는 것을 알자.

사회생활을 준비하는 시기로 엄마나 아빠와 동일시하는 과정이 이뤄지는 시기이기도 하다. 엄마, 아빠에 대한 질투가 나타나기도 한다. 부부관계가 좋으면 자연스레 사라지니 너무 걱정하지 말라.

초등 저학년 시기(8세 ~11세)

비교적 안정적인 시기다. 초등생활을 하며 사회성이 발달하고 관심과 칭찬받기를 좋아한다. 협동하는 것을 어려워해 친구들과 충돌이 일어나기도 한다. 그전 시기에 자신이 뭐든 최고라고 생각했다면 이젠 학교의 또래들과 비교하며 자신감을 상실하기도 한다. 부모는 이때 아이들을 다른 아이들과 비교함으로 모멸감을 주어서는 안 된다. 아이가 잘하는 것을 칭찬하고 격려해야 건강하게 자존감을 지키며 커나갈 수 있다. 항상 마음에 새기자. 공부가 다가 아니다.

초등 5학년~청소년기

이 시기의 아이들은 뇌가 급격하게 확장되고 리모델링 된다. 회백질이 1년 새 두 배로 늘어나고 뉴런들이 새로 생성되고 강화된다. 평생 사용할 뇌용량으로 변화해 가는 중이다. 뉴런들과 시냅스의 연결들이 어수선하게 얼기 설기인 상태이니 이성적 판단이 제대로 이뤄지지 않는다. 감정을 관장하는 뇌는 더욱 활발해져 공포나 수치심, 불안 등을 쉽게 느낀다. 이 시기엔 감정적 기복이 심한데 세로토닌 분비량이 성인보다 40% 정도 덜 나오기 때문이다. 성인이 이런 상태라면 우울증 판단을 받는다.[39] 청소년들은 감정적으로 기복이 심할 수밖에 없는 뇌 상태인 것이다. 이 시기에는 아이 자신도 불안하고 자기 확신이 없는 시기라서 부모의 공감과 지지가 필요하다. 이런 신체 상태라는 것을 알면 청소년 시기 아이를 이해하기가 훨씬 쉽다. 아이에게도 알려줘라. 자신의 몸이 왜 그런지 이해하고 조금은 안심이 될 것이다.

사랑으로 키우기 위해서는 연령에 따른 발달 단계를 이해하고, 아이를

---

39) 최성애, 조벽, 존 가트맨, 내 아이를 위한 감정코칭, 해냄. p.70~71.

끊임없이 이해하고 공감하기 위해 노력해야 한다. 반항기는 독립을 연습하는 시기다. 몸은 어리더라도 한 사람의 독립된 인격체로 존중해 줘라. 아이라고 함부로 반말하며 무시하지 말자. 아이는 독립된 삶을 살게 될 날을 기다리는 몸이 작은 사람이다. 아이가 어릴 때 존중의 의미로 존댓말을 써주는 것도 좋다. 존댓말을 쓰라고 강요하는 게 아니라 부모도 자연스레 아이에게 존댓말을 써주며 존중을 표현하는 것이다. 아이도 존중받고 있음을 느끼고 부모도 존중해야 함을 깨달을 수 있도록 말이다. 그러면 감정의 안전선을 유지하는 데 도움이 된다.

아이들의 작은 세계는 아이들이 자라가며 점점 넓어진다. 아이가 자기 세계에서 한 인격체로 당당하고 건강하게 독립해 가는 것을 지켜보자. 부모는 삶으로 모범을 보이는 코치다. 아이의 생각을 경청해 주고 지지하며 대화하자. 아이의 세계에서 살아가는 주인공은 아이다. 부모가 아니다. 부모의 의견을 강요함으로 아이의 독립을 흔들지 말자.

건강한 생각을 서로 나누고 아이의 의견을 인정해 주자. 결국은 아이의 인생에서 홀로 서야 하는 이는 아이다. 스스로 서야 하고 스스로 선 자가 다른 이를 일으켜 세워 줄 수도 있는 것이다.

사랑은 사람을 치료한다. 사랑을 주는 사람, 사랑을 받는 사람 할 것 없이 모두.

칼 A. 메닝거

06

독립육아 훈육은 어떻게 해요?

사회적인 존재로 살아가며 사회적 규범을 지키고, 서로 간 예절을 지키기 위해서는 제멋대로인 아이들을 훈육하는 것이 필요하다. 그러나, 과도한 훈육과 행동 제지를 경험한 아이들은 건강하게 독립적으로 행동하기가 어렵고 어른 눈치를 많이 보게 된다. 수동형 인간이 되거나 도전정신이 부족한 의존적 인간이 될 가능성이 크다. 부모들은 꼭 필요하고 수용 가능한 원칙 외에 너무 많은 규제를 가함으로 아이들에게 불필요한 죄책감을 느끼게 해서는 안 된다.

내가 아이들을 키울 때 교육컨퍼런스에서 강의하던 한 강사의 훈육법이 인상적이어서 한동안 따라 했었다. 그 강사는 "죄는 미워하되 사람은 미워하지 마세요. 아이가 한 행동이 잘못됐음을 알게 하고 회초리로 따끔하게 징계한 다음 여전히 사랑한다고 안아주라"고 말했다. 기계적이고 단순한 이 방법으로 자신의 아이들을 순종하는 아이들로 키웠다는 말에 한동안 이 방법을 사용했었다. 우리 아이는 회초리를 맞으면 분노가 올라와서 그 후에 내가 안아주는 행동을 통해서도 감정이 회복되지 않았다. 잘못한 것은 알겠는데 왜 맞아야 하는지 의아해했다. 한동안 이 방법을 사용했지만, 효과가 없다는 것을 경험하고 그 후엔 이 훈육 방법을 사용하지 않았다.

사람은 잘못을 저지르면 반드시 징계를 받아야 한다는 생각이 합리적이라 여긴다. 그러나 기억할 것은 우리의 아이들이 저지르는 잘못이라는 것이 징계를 받을 만큼의 반사회적인 행위가 아닌 경우가 많다는 것이다.

아이들이 한 잘못은 '엄마가 차려 준 밥을 제때 먹지 않은 것, 엄마가 원하는 계절에 맞는 옷을 입지 않은 것, 동생에게 장난감을 양보하지 않은 것' 같은 소소한 것들이다. 엄마는 자기가 원하는 행동을 하지 않는 아이를 향해 훈육이라는 이름으로 교정하려 든다. 아이는 순식간에 나쁜 아이가 되고 징계를 받아야 하는 죄인이 된다. 부모는 이런 식의 훈육이 어린 아이들에게 얼마나 불필요한 죄책감과 수치심을 주는지 기억할 필요가 있다. 게다가 훈육하겠다고 하는 행동들은 아이의 발달 단계를 이해하지 못하는 부모가 과도히 예민하게 반응하는 것들이 대부분이다.

한 사례로, 양보의 개념을 받아들일 수 없는 뇌 발달 시기의 아이에게 억지로 양보를 강요한다면 아이는 소유의 개념을 익히지 못하고 나눠 주는 것이 옳다는 생각을 하게 된다. 이런 어릴 적 경험은 성인이 돼서도 소유하는 것을 부정적으로 생각하게 만든다. 다음은 루이스 헤이의 〈치유〉라는 책에 나오는 한 남성의 사례이다.

"나는 어릴 적에 목사의 아들로 자랐습니다. 부모님은 항상 교회의 아이들에게 모든 것을 양보하게 했고 그런 삶에 익숙해졌습니다. 안 그러면 양심에 가책을 느꼈습니다. 죄책감에 시달리기보다 나눠 주는 것이 마음이 편했습니다. 그러나, 성인이 된 지금 정당한 노동에 대한 대가를 받아야 하는 건축 설계사로 일하고 있지만, 클라이언트에게 정당한 대가를 요구하는 것이 너무 어렵습니다. 건물 자재비 정도를 간신히 요구하여 일을 싸게 해주곤 합니다. 그들은 만족해하지만 나는 깊은 공허감에 시달립니다"[40]

훈육이라는 것이 아이의 자존감을 무너뜨리는 것이어서는 안 된다. 발달 시기에 정당한 발달을 겪어내는 것을 지켜보고 공감해주는 것이 먼저다. 공감해주면 아이는 부모의 바람도 수용할 마음 상태가 되기 때문에 징계라는 수단을 쓰지 않아도 수월하게 부모가 원하는 행동을 들어준다.

아이를 공감하고 이해하며 키우려 애쓰는 중에도 훈육이 필요한 시점이 온다. 타인을 가해하는 행동을 할 때이다. 동생을 때리거나 주변 사람에게 욕을 하거나 공공장소에서 제멋대로 행동할 때는 훈육이 필요하다.

그럴 때도 우리는 아이가 그러한 행동을 하게 된 맥락을 이해하려고 해야 한다. 행동만 보고 기계적으로 아이를 훈육해서는 안 된다. 훈육할 때 중요한 것은 행동과 감정을 분리하는 것이다.[41]

어린 동생이 장난감을 빼앗아 가서 형이 동생을 때린 상황을 생각해보자. 많은 부모가 동생을 때린 행동을 보고 나무라거나 벌을 세운다.

"동생은 어린데 잠깐 가지고 놀게 하면 어때서 그러니! 사람을 때려선

40) 루이스 헤이, 치유: 있는 그대로의 나를 사랑하라 치유, 나들목.,p.65.
41) 최성애, 조벽, 존 가트맨, 내 아이를 위한 감정코칭, 해냄. p.59

안 되는 거야! 손들고 있어." 이런 식이다. 그러나 이렇게 되면 아이는 내면에 자신의 상황을 이해해 주지 않는 엄마에 대한 분노가 쌓인다. 때린 행동에 대한 잘못을 인정하기 보다 공감받지 못한 것 때문에 자기 잘못을 더 인정하려 들지 않는다. 훈육도 아이의 자존감을 다치지 않게 공감해주며 해야 한다. 아이의 감정에 대한 충분한 공감이 이뤄지고 행동에 대한 한계를 정해줘야 한다. "동생이 장난감을 빼앗아 가서 속상했구나. 소중하게 여기는 장난감인데 동생이 빼앗아 가면 엄마도 속상할 것 같아." 이렇게 공감으로 대화를 시작하면 아이는 엄마의 말을 수용할 마음 상태가 된다. 그 후에 건강한 해결책을 제안하는 것이다.

"동생은 아직 어려서 보이는 것은 다 자기 것으로 생각한단다. 너도 어릴 적에 그랬어. 동생이 안 만지면 좋겠다고 생각하는 장난감은 네 손만 닿는 높은 곳에 올려놓으면 어떨까? 그리고 때리는 행동은 사람을 다치게 할 수 있어 위험하단다. 다음엔 그러지 말자." 이런 식의 대화가 오고 가다 보면 동생에게 사과할 마음이 생기는 것이다. 동생이 빼앗아 가서 화가 난 감정을 공감해주지 않으면 아이는 감정적으로 더 과격해지고 자신의 행동을 고치려고 하지 않는다. 엄마도 아이의 분노를 참아주지 못하고 아이에게 소리 지르게 되는 악순환이 반복된다. 훈육하기 전에 감정 공감을 먼저 연습하자.

훈육은 아이가 잘못된 행동을 깨닫고 스스로 고치게 하는 것이 목적이다. 소리 지르고 혼내서 아이가 수치심을 느끼게 하고 행동을 잠시 멈추게 하는 것이 아니다. 이런 식의 훈육은 아이가 사춘기쯤 되면 감정적 폭발의 원인이 된다. 청소년 자살 사례 중 많은 부분이 부모의 공감 부족에

의해 충동적으로 발생한다.[42]

감정을 공감받지 못하고 억누른 경험이 많은 아이들은 존재에 대한 수치심, 자기 행동에 대한 죄책감을 내면에 늘 가지고 있다. 그래서 쉽게 우울감에 빠지고 스트레스에 취약하고 몸이 허약하다. 올바른 아이로 키우겠다는 생각으로 훈육을 하지만 아이의 내면은 병이 드는 것이다.

기억하자. 훈육은 아이의 행동에 대한 부모의 감정 풀이가 아니다. 아이가 그런 행동을 할 수밖에 없었던 감정을 공감해 준 후 아이 스스로 자신의 행동을 돌아보게 하는 것이다. 그리고 가장 적절한 해결책을 함께 찾아보는 것이다. 그것이 건강한 성인으로 독립하게 만드는 훈육법이다.

더 이상 낡은 방식의 순종훈육으로 아이를 억압하지 마라.
처벌이 아닌 문제해결에 초점을 맞추고, 부드러우면서 단호하게 긍정훈육하라.

제인 넬슨, 〈긍정의 훈육〉 중에서

---

42) 아동 심리전문가 이임숙 소장, 올바른 훈육법, 김미경 TV

우리 아이 첫 독립육아

07

입시 제도에 널뛰지 말고
아이에게 귀 기울여 보자

딸아이가 수능을 못 봐서 재수한다는 친구의 목소리에 깊은 걱정과 한숨이 묻어난다. 십수 년을 이날을 위해 달린 아이는 이날의 결과에 따라 자신의 인생을 실패와 성공으로 나눈다. 떨어진 자존감을 끌어올릴 방법은 내년 재수에서 성공하는 수밖에 없어 보인다. 초등부터 고등까지 12년을 달려온 인생이 고3 수능 앞에서 무너진다. 인생이 마치 대입이 전부인 것처럼 말이다.

성인 된 우리가 우리 인생을 좀 돌아보자. 좋은 대학 나와서 더 잘된 일이 무엇이고 더 안된 일은 무엇인가? 우리 안에 있는 끊임없는 열정이 인생을 끌고 나가지 않던가? 잘된 사람은 대학을 잘 가서 잘된 것인가? 끊임없이 배우고 도전하려는 마음 때문인가?

우리나라 대입제도는 1945년 도입된 이래 18번 바뀌었다.[13] 4년에 한 번씩 바뀐 꼴이다. 게다가 2021년부터 2024년까지의 입시 제도는 매해 다르다. 만약 아이를 한국 입시 틀에 꼭 맞게 키우려면 입시 제도에 널뛰기하며 조바심치는 인생이 될 수밖에 없다. 아이와의 관계가 그사이 수도 없이 깨어지고 고성이 오가며 고3의 문턱을 간신히 넘을 것이다. 진짜 문제는 그 후에 기다리고 있다. 눌린 분노와 낮은 자존감과 자기 인생에 대한 주도권이 사라진 공허감이 그것이다. 선후 관계를 잘 따져보자. 무엇이 먼저인가? 입시인가, 아이인가?

학교를 가지 않고 홈스쿨링하던 17세 여자아이가 있었다. 책 읽기를 좋아하고 예쁜 것을 좋아하고 공감도 잘하는 여느 십 대 아이였다. 아나운서가 되고 싶던 아이는 서울 J대 미디어커뮤니케이션학과 논술 전형에 지원했다. 책 읽기가 좋고 말하기를 좋아하는 아이 자신의 선택이었다. 시험 전에도 그 시험의 결과가 그 아이 일상에 큰 영향을 주지 않을 것을 알았다. 떨어지면 한 번 더 해 볼 요량이었고 지금 살아가고 있는 삶의 스타일이 자신의 모습이기에 편안했다. 그 학생은 그 해 웃으며 대학에 입학해서 지금은 졸업을 앞두고 있다.

인생을 살아가며 자기 인생의 주도권이 자신에게 있다는 것을 깨닫게 되는 것은 놀라운 경험이다. 대부분 사람이 타인에 의해 떠밀리듯 살아간다. 자기 인생의 주도권이 자신이 아닌 경우가 얼마나 많은지 깨닫는다면 우린 놀라게 될 것이다. 어린 시절에는 부모가 아이들의 인생을 좌지우지하고, 나중엔 사회의 선입견이 만든 기준들에 눈치를 보게 되고, 살아오는 동안 만나게 되는 수많은 교사의 가치관에 영향을 받는다. 그렇게 만들어

43) 머니투데이, 4년에 한 번씩 바뀐 대입제도 변천사, 본고사부터 학종까지, 2019.9.

우리 아이 첫 독립육아

진 사람이 자기 모습이라고 생각하며 그 옷에 자신을 맞추려 애를 쓴다. 인생의 주체가 자신이라는 사실을 평생 살아도 모를 수 있다.

아이는 어려서부터 자신의 내면의 소리를 듣고, 자신의 의견대로 삶을 주도적으로 살아본 경험이 있어야 한다. 그렇게 자기주도적으로 살아 본 아이들이 삶에 대한 강한 의지를 갖는다. 부모라 해서 그런 기회를 빼앗아 자기의 기준에 아이를 맞추려고 해선 안 된다. 그러면 아이는 무기력해진다. 그 아이의 인생이라는 것을 명심해야 한다.

아이 스스로가 배울 의지가 있다면 배우는 데 열심을 낼 것이다. 부모가 그 시기를 조종하지 말자. '초등 4학년부터는 대입 준비를 시작해야 한다느니, 중등엔 학원이 필수라느니, 고등학생은 개인 과외를 시켜야 한다느니' 하며 아이가 요청하지 않는 일을 먼저 들이대고 조종하려는 부모의 욕구를 좀 내려놓자. 차라리 그 돈으로 유대인들처럼 전 세계 여행을 보내서 넓은 식견을 갖게 해 보자. 넓은 곳에서 다양한 사람들을 만나며 배우는 것은 어떠냐고 아이에게 제안해 보자.

한 아이가 유치원부터 대학까지 나오는 데 드는 비용이 평균 3억 8198만 원이다.[44] 만약 이 비용을 국, 영, 수 학원이 아니라 아이가 정말 좋아하

---

44) "아이 낳아 대학 보내려면 직장 10년 치 연봉 쏟아부어야" 동아일보가 2019년 10월 10일 임산부의 날을 맞이해 구축한 양육비 계산기 사이트에 따르면 모든 소득 구간의 평균에 해당하는 한 가구가 아이 한 명을 낳아 대학을 졸업시킬 때까지 필요한 돈은 약 3억8198만 원으로 집계됐다. 미취학 양육비 6860만 원, 사교육 등을 포함한 교육비로 초등학교 9250만 원, 중학교 5401만 원, 대학교 8640만 원 등이다. 아이가 23세가 될 때까지 해마다 같은 금액을 쓴다고 가정할 때 연 소득의 41.5%가 양육비로 나가는 셈이다. 서울만 따로 빼면 4억254만 원으로 늘어난다. 10.1년 치 연 소득이다. 이는 한국노동연구원의 한국노동패널조사(1170가구)와 통계청, 한국보건사회연구원, 육아정책연구소 등이 발간한 가구 조사 데이터 및 통계분석 자료 등을 활용해 머신러닝(기계학습) 기법을 통해 분석한 결과다. 동아일보, 2019.10.10.

고 흥미 있어 하는 재능에 투자한다면 아이는 자기주도적인 인생을 살아 가며 성공에 더 가까이 다가갈 것이다.

학교 교사였던 부부가 아이들 셋을 데리고 1년간 전 세계를 여행한 이야기를 들었을 때, 그 용기에 큰 박수를 보냈었다. 아이들은 넓은 마음을 품고 돌아왔다. 두 아이는 창업을 했고, 한 아이도 자기가 원하는 전문직에 종사하여 인생을 주도적으로 살아간다. 그 청년들의 말을 들으며 감동이 됐던 것은 인생의 주도권을 부모와 사회에서 자신에게로 옮겨와 건설적으로 자기 인생을 개척하는 모습이었다.[45]

미래 사회는 점점 더 학벌보다 실제 능력, 끊임없는 열정과 창의력으로 승부를 보는 사회가 될 것이다. 아이들의 선택을 믿고 지지하며 아이가 자기 인생을 주도적으로 살게 해 보자. 용기 있는 부모만이 도전적인 리더를 키울 자격이 있다.

부모가 원하는 틀 속에 아이를 맞추는 순간 아이의 재능의 싹이 꺾인다.

웨인 다이어

---

45) 박임순, 옥봉수, 자녀독립 프로젝트, 북노마드.

08

점점 중요해지는 자존감 시대!
BTS의 메시지

한류를 이끄는 K-Pop 중 전 세계의 주목을 받는 팀은 단연 BTS다. 빌보드차트 1위, 유튜브 최다 조회 수, 빌보드 뮤직어워드 수상, 아메리칸 뮤직어워드 수상 등 그들이 가진 세계 기록은 셀 수 없이 많다. BTS는 2023년까지 한국경제에 56조 이상 기여할 것이라고 현대경제연구소가 발표하기도 했다.

BTS의 독특한 점은 인류 공통의 고민에 대한 공감과 위로, 격려의 메시지다. 특별히 사람들의 자존감을 세워주려는 메시지가 전 세계 팬들의 마음을 흔든다. 트위터 팔로워 2,900만 명, 유튜브 구독자 3,600만 명으로 연령층도 다양하다. 나라 하나를 세울만한 팬덤 규모다.

BTS의 가사에 자주 등장하는 단어는 '사랑', '꿈'. '도전', '괜찮아' 등인데 그 중 '사랑'의 의미가 남녀 사랑보다는 '자기 자신을 향한 사랑과 인정, 지지'를 뜻하는 경우가 많다. 어찌 보면 이런 가사에 환호하는 것은 이와 같은 메시지가 필요했다는 방증이기도 할 것이다. 2018년 9월 BTS는 유엔에서 그들의 메시지 "러브 유어셀프(Love yourself)"를 다시 한 번 연설하며 많은 이들의 공감과 환호를 받았다. BTS의 유엔 연설문은 학교의 수업 교재로도 활용될 정도였다. 자신의 존재에 대한 이유를 묻고 고민하는 청소년들에게 큰 위로가 되었을 것으로 생각한다. BTS는 3년째 유니세프와 함께 '러브 마이셀프(LOVE MYSELF) 캠페인'을 진행하면서 지구촌 곳곳에서 개최한 공연 수익을 자선 활동과 함께 기부하고 있다. 세계 각국의 초청을 받는 유명 음악 그룹으로서 과거 비틀스의 영향력을 넘어선다는 평가까지도 받고 있다.

왜 이렇게까지 BTS의 파급력이 강력할까? 아름다운 곡과 퍼포먼스도 한몫했지만 가장 큰 요인은 그들이 보내는 메시지다.

자신을 믿고 사랑하고 열정으로 도전하라는 그들의 메시지가 갖는 위로와 힘이다. 우리가 아이들을 키우며 늘 입에 붙이고 살아야 할 메시지를 음악으로 들려주는 듯하다. 메시지대로 살아가려 노력하는 BTS를 보며 전 세계 BTS 팬들은 그들과 함께 성장하고 있다.

자존감이란 자신이 사랑받을 만한 가치 있는 소중한 존재이고 어떤 성과를 이루어낼 만한 사람이라고 믿는 마음이다. 이런 마음에서 자신감과 도전의식이 생긴다. 〈그릿〉의 저자 앤젤라 더크워스는 성공한 사람들의 특징은 자신의 한계에 낙담하지 않고 끊임없이 도전하는 정신에 있다고 말했다.

내 아이가 잘되길 바라는가? 내 아이 자존감을 챙겨야 한다. 적어도 부모가 깎아내리지는 말아야 한다. 빠르게 변하는 사회 속에 불안정한 시대를 살아가며 확신보다는 절망이 빠르고, 도전보다는 낙심이 쉽다. 절망할 수밖에 없는 상황이 끊임없이 아이들을 덮친다. 아이보다 먼저 낙심하지 말자. 아이보다 먼저 불안해하지 말자. 부모가 그렇게 행동하는 것이 아이의 자존감을 갉아먹는다.

" 아빠, 시험 점수 망했어, 어떻게 해?"

" 엄마, 오늘 수행 평가 망쳤어."

" 아빠, 오늘 돈 잃어버렸어."

" 엄마, 친구랑 싸웠어."

아이도 자존감 떨어진 이런 상황들에 부모의 대처가 앞으로의 아이의 행동에 영향을 미친다. 이런 말을 듣고 내일 당장 무슨 일이 일어날 것처럼 불안해하지 말자. 아이는 지금 다양한 상황에 대처할 능력을 키워가는 중이다. 미소를 지으며 말해 보자.

"괜찮아. 그럴 수도 있지."

"다시 해 보면 되지."

"방법을 찾으면 되지"

"기회가 또 오면 잘할 수 있을 거야."

이런 말들이 아이에게 안정감을 주고 자신을 비난하고자 하는 욕구를 흘려보낼 수가 있다. 어떤 일을 제대로 못하면 사람은 그것을 수용하기보다 비난할 대상을 찾는다. 많은 부모가 아이에게 비난함으로 자신의 화난 감정을 풀어버린다. 부모의 감정적 대응은 아이의 자존감을 무너트린다. 자신이 형편없다고 여기게 된다.

어린 시절에는 작은 실패들을 경험 삼아 다시 일어서는 훈련을 해봐야 한다. 실패할 때마다 비난받는다면 아이가 무슨 도전을 할 수 있겠는가?

실패에 연연하지 않는 건강한 자존감이 아이에게 경험되어져야 한다.

〈해리 포터와 마법사의 돌〉을 쓴 J.K. 롤링은 자신의 원고를 수없이 많은 출판사로부터 거절을 당했다. 그녀는 내면 깊은 곳에 자신의 작품이 빛을 볼 거란 확신으로 다음 출판사로 걸음을 옮겼다. 그리고 지금 그녀는 전 세계 최고의 작가 중 한 명이 됐다. 실패에 연연하지 않는 마음은 자존감에서 비롯된다. 실패라는 경험은 도전하는 이에게 꼭 필요한 경험이다. 자녀를 크게 키울 부모는 작은 실패에 연연하지 않는다.

고어텍스의 CEO 밥 고어는 직원들에게 "실패를 두려워 말고 일하라"라고 격려한다. 기업의 총수가 이런 마인드인 것이 참 신선하다. 실패를 두려워하면 도전하기를 머뭇거리게 되니 아예 처음부터 도전을 장려하는 것이다. 그런 마인드로 살았기에 기업 총수가 된 것 같다.

우리 아이들이 실패할 때마다 자존감을 올려 줄 기회로 삼아보자. 실패하지 않는 인생은 없다. 그런 경험들이 아이들에게 어떤 인상과 교훈을 남기는 가가 중요한 것이다. 자녀가 실패했을 때 사진 찍듯 기억하는 부모들이 있다. 반면 성공했을 때 사진 찍듯 기억해 주는 부모가 있다.

난 자녀의 어떤 모습을 사진 찍고 있는가 생각해 보자. 아이가 실패했을 때마다 조바심을 내고, 비난하고, 죄책감으로 몰아가고 있는가? 아이는 점점 불안해지고 조바심이 나고 죄책감에 빠지게 될 것이다. 아이의 실패를 못 본 듯 지나치며 등을 두드리며 지나가 보자.

"괜찮아, 다시 해 보면 되지."

아이 귓전에 엄마의 따뜻한 목소리가 메아리치게 하자. 아이는 실패해도 아랑곳하지 않고 다시 일어설 것이고, 자신의 인생을 개척해 나가게 될 것이다. 아이는 회복 탄력성 높은 성인으로, 자존감을 잃지 않는 멋진 인물로 자라날 것이다.

자존감은 인생의 모든 것에 영향을 미친다.
말, 행동, 선택, 판단, 감정 등 모든 것에.

윤홍균 박사, 〈자존감 수업〉 중에서

2

자녀 독립마인드: 아이가 주인공이다

01

아이를 선하고
무한한 가능성의 존재로 봐라

아이를 어떤 존재로 보느냐는 자녀교육을 시작할 때 부모들이 가져야 할 기본적인 전제다. 아이는 모자라고 불완전하므로 훈육하고 고쳐서 바르게 만들어야 한다는 관점을 가진 사람들은 원칙과 훈육을 최고의 가치로 여긴다. 사랑과 자율도 중시하듯 말하지만, 훈육이 우선의 가치를 갖는다.

반면 아이는 선하며 무한한 가능성을 가진 온전한 존재라고 보는 부모들은 아이들을 자율과 믿음으로 키워간다. 아이가 본래 갖은 선함을 발현할 수 있도록 돕는다.[46]

현대로 오면서 뇌과학 연구를 통해 점차 증명되고 있는 것은 아이들은 타고난 학습자라는 개념이다. 기존의 인간관, 즉 천성적으로 게을러서 억지로 가르쳐야 한다는 패러다임을 반박하고 있다.

아이를 어떤 식으로 바라보고 교육할지는 부모의 선택이다. 부모가 어

---

46) 켄 로빈슨, 루 애로니카, 아이의 미래를 바꾸는 학교혁명, 21세기북스. p.247.

떤 관점을 선택하든지 그것은 자유다. 나의 경우 자녀교육 초기에 전자를 추구했다. 아이는 연약하고 불완전하므로 훈육과 원칙이 필요하다는 관점으로 아이들을 가르쳤다. 그때는 지금처럼 교육에 대해 명확하게 정립하지 못했었다. 아이마다 개별적 특징과 발달 차이가 있음을 인지하고 유연한 규칙을 세워야 했는데 일괄적으로 같은 원칙을 적용하다 보니 상처받기 쉬운 순응형 딸아이는 자기감정을 숨기고 순종형 아이로 자라났다. 나중에 인간을 바라보는 관점이 바뀌고 아이를 온전한 사랑의 존재로 보기 시작하며 나도 아이도 편안해지기 시작했다. 아이의 상처가 회복되고 관계가 돈독해지는 경험을 했다.

자녀는 자신을 바라보는 주 양육자가 자신을 어떤 존재로 보느냐에 민감하게 반응한다. 부모가 자녀를 온전하고, 존중받아 마땅한 선한 존재로 본다면 아이는 자신을 그렇게 느낀다. 모자라고 불완전하고 고쳐져야만 할 존재로 본다면 아이는 그것 또한 알아챈다. 그리고 그와 같은 자기 인식은 고스란히 아이의 정체성이 된다.

바라기는 아이를 깊이 존중해야 할 독특하고 고유한 존재로 보라는 것이다. 부족해 보일지라도 무한한 가능성을 가진 존재로 봐달라는 것이다. 아이는 지극히 민감한 존재이다. 부모의 말 한마디, 눈빛 하나에도 그들의 마음이 떨린다.

학교가 아이들을 바라보는 관점을 바꿔야 할 때

미국이 공교육을 시작할 1830년대 당시 프로이센의 강제 교육 모델이 세계적으로 큰 주목을 받고 있었다. 기본적인 읽기, 셈하기, 세계역사, 질서와 복종의 훈련이 독일의 근대화를 앞당기는 데 큰 위력을 발휘했기 때문이다. 미국 공교육의 아버지로 불리는 호레이스 만은 독일 모델과 같은 공교육의 필요성을 제기했다. 호레이스 만이 주장한 학교 교육은 통제와 질서정연함, 예측 가능성을 우선하였다. 이와 같은 공교육의 특성은 오늘날까지도 큰 변화가 없다고 미국인들은 이야기한다.[47] 그는 당시 신대륙에 몰려드는 농민들과 다양한 인종들을 새로이 교육돼야 할 존재로 보았다. 1852년 매사추세츠주의 학교 의무교육법이 통과되며 의무교육은 전국으로 번졌다. 당시 사회의 여러 상황을 볼 때 사회 통합을 위해 불가분한 선택일 수 있다는 생각이 든다. 아이러니하게도 공교육을 주창하던 호레이스 만은 세 자녀를 학교에 보내지 않고 가정에서 교육했다. 이런 미국의 공교육 제도는 일본에 영향을 주었고, 일본의 지배하에 있던 우리나라에도 영향을 미쳤다.

내가 여기서 생각해 보고 싶은 것은 학교나 교사가 아이들을 바라보는 관점이다. 우리나라 공교육이 시작된 지 백 년 남짓 됐다. 시대가 급속도로 바뀌고 우리나라는 OECD 국가 중에서도 선진국에 속하는 놀라운 성장을 이룬 나라가 되었다.

그러나 교육에 있어서 우리나라는 예전과 큰 변화가 없이 전통 방식을 고수해 오는 것 같다. 수동적 교과학습, 통제와 성적 서열화 방식은 변함이 없다. 이제는 이런 사고에서 벗어나야 한다. 무엇보다 아이들을 바라보는

---

47) 케리 맥도널드, 피터 그레이, GenZ 100년 교육, 언스쿨링이 온다, 박영스토리. p.39

관점의 변화가 필요하다. 통제가 필요한 열등한 존재가 아니라 한 명 한 명이 놀라운 개성과 가치를 가진 온전한 인간임을 인정하는 것이다. 그리고 교사는 아이들 내면에 가진 최선의 잠재력이 발현될 수 있도록 도우면 되는 것이다. 아이들은 자기 생각과 감정이 누군가에게 용인될 때 자기 존재에 대한 깊은 가치를 느낀다. 경청해 주고 소통하는 교육은 아이를 행복하게 자라게 하는 가장 중요한 교육방법이다.

아이의 의견이 중요하다는 인식의 전환은 교육이 주입식이 되어야 하는지 소통 중심이어야 하는지를 깨닫게 한다. 이미 전 세계 선진국들이 소통 중심의 교육으로 바꾸고 있는 것은 긍정적 변화다.

만약 교사들이 아이 하나하나를 향해 무한한 가능성의 존재로 보고 교과 성적으로만 아이들을 평가하지 않는다면 무슨 일이 벌어질까? 아이들 각자가 잘하는 재능을 바라봐 주고 격려할 수 있다면 말이다. 오늘날 벌어지는 많은 학교 청소년 문제가 경감될 거란 생각이 든다. 학교 성적에 대한 고민이 몇 년째 고정적으로 청소년 아이들의 고민 순위 1위를 기록하고 있다.[48] 이것만 봐도 학교가 아이들을 얼마나 성적으로만 서열화하고 있는지 짐작하게 한다.

아이들은 무한한 가능성과 잠재력을 지닌다. 아이가 태어났을 때 부모들은 작은 아이가 커서 어떤 일을 할지 기대감에 부푼다. 그러나 아이가 커가며 부모가 가진 선입견과 틀에 맞지 않으면 아이에 대한 기대감을 내려놓는다.

48) 청소년 우울증 원인, 주로 '성적'과 '친구 관계' 데이터솜, 2019.5.27.

우리 아이 첫 독립육아

아이는 기대만큼 자란다. 믿어 주는 만큼 성장한다. 부모의 생각 틀을 깨는 아이들을 인정하고 격려하길 멈춰선 안 된다.

애플의 CEO였던 스티브 잡스의 말을 귀 기울여 보자.

"기술은 중요하지 않다. 인간은 근본적으로 선하고 스마트한 존재라고 믿는 것이 중요하다. 인간에게 도구를 준다면 그들은 놀라운 일을 이룰 것이다"[49]

아이들은 독특하고 개성이 있다. 사회가 정답 인생이라고 정해 놓은 선입견을 덮어씌우지만 않는다면 그들은 자신의 능력을 자신의 분야에서 꽃 피울 것이라고 난 믿는다.

당신은 아이의 존재를 어떻게 보겠는가?

"기술은 중요하지 않다. 인간은 근본적으로 선하고 스마트한 존재라고 믿는 것이 중요하다. 인간에게 도구를 준다면 그들은 놀라운 일을 이룰 것이다."

스티브 잡스

49) Jeff Goodell, Steve Jobs in 1994, Rolling stone interview, 1994. June 16

02

자신을 사랑하는 법을 아는
아이로 키워라

한 대학에서 진행하는 프로젝트에 고교 3학년 아이들과 함께 참여한 적이 있었다. 그중 한 남자아이는 프로젝트를 진행하는 내내 자신을 "개쓰레기"로 불렀다. 농담처럼 말했지만 들을 때마다 가슴이 철렁했다. 아이가 자신을 그렇게 부를 때마다 "넌 귀하다"로 맞받아 말했다. 5개월간의 프로젝트가 끝날 즈음 아이는 더 이상 자신을 그렇게 부르지 않았다. 바라기는 평생 자신을 세상에서 하나뿐인 귀한 존재로 여기길 간절히 바란다.

우리가 자녀를 키우며 가장 신경 써야 할 부분이 뭘까?

자녀의 자기 존중감이다. 자기 존중감은 자기를 사랑받을 가치가 있는 존재로 인정하고 존중하는 마음가짐이다. 이것은 이기적인 자기 사랑과는 다른 것이다.

일반적으로 자신을 사랑해야 한다고 하면 이기적이고 허영심 있고 거만하다고 여긴다. 여기서 내가 말하고자 하는 자기 사랑, 자기 존중감은 한 인간으로 자신을 가치 있게 여기고 존중해 주는 것을 말한다.

이런 자기 존중감은 어린 시절, 특별히 3세 전에 부모가 충분히 교감해주고 사랑해 줌으로 생기기 시작한다. 현대에 와서는 많은 엄마가 직장 생활을 하다 보니 아이들이 정상적인 사랑과 애착을 경험하는 게 쉽지 않은 환경이다. 어린 시절 조건 없는 사랑과 애착을 경험한 아이는 자기 존재에 대한 확신과 세상에 대한 안정감을 가지고 세상 탐험을 하게 된다. 그러나 애착과 사랑의 경험이 모자란 아이들은 자기 존재에 대한 믿음이 없고 불안정하다. 자기를 바라봐줘야 할 부모도 제때 나타나지 않고 울어도 필요가 채워지지 않으면 아이는 자신을 가치없는 존재로 느끼게 된다.

게다가 커가며 듣게 되는 부정적 말들은 더욱 자신에 대해 확신을 갖지 못하게 만든다. 무언가를 해냈을 때, 성취했을 때만 인정해주는 주변인들 때문에 존재를 인정받기 위해 무언가를 해야 한다고 생각한다. 이것은 성인이 됐을 때 완벽주의 성향이나 일 중독에 빠지게 하고, 반대로 쉽게 무력감에 빠지게도 만든다.

자기 존중감이 없고 자신을 사랑하지 못하는 아이들은 끊임없이 자신이 부족하고 자격이 없다고 느낀다. 피해 의식도 심해서 스스로가 책임을 지기보다 남 탓을 하는 경우가 많다. 자기 존중감은 인간관계를 비롯해 삶의 많은 문제를 해결할 열쇠가 되는 경우가 많다.

자녀가 어릴 적에 부모나 주변인이 자녀에게 해주는 말들은 너무나 중요하다. 자신의 존재 의미를 만들어 가는 중이니 무슨 말을 어떻게 해주느냐는 아이의 미래를 좌우하는 중요한 일이 된다. 어릴 적에 배우는 지식이나 느끼는 감정은 무의식에 새겨져 성인이 돼도 영향을 준다.

예를 들어 세상은 두렵고 안전하지 않다는 믿음을 가진 아이는 새로운 것을 배우거나 새로운 환경에 도전하기가 어렵다. 남에게 베푸는 것은 선하고 나의 필요를 채우는 것은 나쁘다는 의식을 가진 아이는 성인이 돼도 돈을 모으는 일에 죄책감을 느끼게 된다.

우리의 믿음대로 삶은 이루어져 간다. 자신 인생의 책임은 자신의 믿음과 생각의 결과이지 다른 누군가의 책임이 아니다. 사람은 자신이 믿는 대로 살아가게 된다.

자녀의 미래가 어떻게 될까 봐 조바심이 날 때가 있다. 지금 내가 자녀에게 하는 말이 긍정적이고 사랑이 충만하다면 자녀는 미래에 성공할 가능성이 커진다. 부모가 하는 말이 아이의 무의식에 믿음이 될 거고 아이는 그렇게 삶을 만들어나갈 것이기에 그들의 장래가 밝을 거라 기대할 만하다는 뜻이다.

여기서 한 가지 짚을 것은 부모가 자기를 사랑하는 법을 모른다면 자녀에게 자기를 존중하고 사랑하는 것이 무엇인지 알려 주기가 어렵다는 것이다. 나를 사랑해도 된다는 확신이 서기까지 나에게도 오랜 시간이 걸렸다. 또한, 오랫동안 자기 비하를 겸손이라고 생각했었다. 그러한 의식을 어느새 내 자녀가 배우고 있었고 내 아이도 겸손의 모양을 한 자기 비하의 행동을 하고 있었다.

자녀교육은 부모교육이다. 부모가 무의식에 들어있는 생각과 감정을 알아채지 못하면 아이는 그것을 그대로 간접 경험하며 커간다. 자신을 사랑한다는 것은 자기의 생각과 감정을 비판 없이 바라보며 공감해주고 인정하는 데서 시작한다.

먼저는 자책하는 마음부터 버려야 한다.

"난 의지력이 없어. 난 게을러. 난 형편없어."

이런 종류의 자기 비난하기를 멈춰야 한다. 있는 모습 그대로 자신을 용납해야 한다. 사회적 통념상에 게으름, 의지박약, 산만함의 기준을 자신에게 휘두르는 채찍으로 삼지 마라. 어느 정도가 돼야 용납 가능한 수준이고, 어느 정도가 돼야 죄책감을 가질 만한 수준인가? 자신이 항상 부족하다는 생각부터 버려라. 자신을 있는 그대로 수용할 수 있어야 자녀도 있는 그대로 사랑해 줄 수가 있는 것이다.

비난받을 욕구를 버려라. 어린 시절 부모로부터 비난을 습관처럼 받아온 사람들은 비난이 와야 일이 마무리된 것처럼 여기는 무의식적인 억압이 있다. 자녀를 위해 자신을 용납하고 사랑하라. 자신이 자책하고 있는 많은 부분이 사실은 그 사람의 개성인 경우가 많다. 〈자존감 수업〉의 저자 윤홍균 정신과 의사는 자존감을 높이기 위한 첫 번째 실천은 조건 없는 자기 사랑이라고 말한다. 부정적인 자기비판을 멈추고 맹목적으로 자신을 사랑하기를 실천할 때 자존감이 확립된다고 말한다.[50]

어릴 적 난 호기심이 많은 아이였다. 어린아이가 호기심이 많은 것은 당연한 일인데 가까운 친척이 자주 촉새라고 불렀다. 호기심 많은 어린아이에게 비웃듯이 놀려대던 그 말에 수치심을 느꼈고, 호기심을 나타내며 뛰어다니는 것에 죄책감을 느꼈다. 나중에 성인이 되어서도 호기심을 가지고 이것저것 배우러 다니면 마음속에서 죄책감이 들었다. 빨리 나이가 들

---

50) 윤홍균, 자존감 수업, 심플라이프, p.274.

어 점잖아지고 싶은 내면 욕구가 있어서인지 나이에 비해 노숙하게 옷을 입고 다녔다. 나를 사랑하는 것에 대해 인식이 바뀌고 난 후 나는 호기심 많은 모습을 지칠 줄 모르고 변화를 추구하는 장점으로 새롭게 바라볼 수 있게 되었다. 만약 어린 시절 나를 사랑스럽게 바라볼 수 있도록 주변인들이 도와줬더라면 나를 좀 더 일찍 자유롭게 놓아주었을 것이다.

당신의 자녀도 그럴 수 있다. 자녀가 가진 개성을 조건 없는 사랑의 눈으로 바라봐 줄 사람이 주변에 있다면 자녀도 자신을 그렇게 바라보며 건강하게 클 것이다.

아이는 커가며 많은 사람을 만날 것이고 세상에서 시련도 겪게 될 것이다. 자존감이 무너질 상황을 끊임없이 대면하게 될 것이다. 그럴지라도 절대 무너지지 않을 내면을 만들어 줘라. 부모 앞에 서면 완전한 용납을 경험하게 하라. 마치 완벽하게 용납해 주는 사랑 많은 신 앞에 선 것처럼 말이다. 그리고 자신에게도 자녀에게도 자주 이렇게 말해 줘라.

"너는 있는 모습 그대로 사랑스러워."

"다른 이와 다른 부분은 너의 개성이지 비난받을 일이 아니란다."

"너는 있는 모습 그대로 귀한 존재야."

"나는 너를 사랑해."

"나는 너를 함부로 대하지 않을 거야. 너도 자신을 정중히 대해주렴."

(스스로 말하기) "나는 두려움이나 수치심을 버릴 거야."

(스스로 말하기) "나는 변화를 받아들이며 성장할 수 있어."

부모인 당신이 어릴 적 듣고 싶었던 그 말을 자신에게, 그리고 당신의 자녀에게 해줘라. 어느새 당신도 자녀도 회복되고 있을 것이다. 정말 그 말이 듣고 싶었다는 걸 알게 될 것이다.

자기 존중감은 독립된 인격체로 서기 위한 가장 기본적이고 중요한 요소다. 이것만 제대로 확립된다면 아이들은 어떤 시련이 와도 다시 일어설 것이다.

〈치유〉라는 베스트셀러를 낸 루이스 헤이는 자기를 도저히 사랑할 수 없는 어린 시절을 보냈다. 이혼한 부모와 자신을 무시한 엄마, 성폭행 경험과 이혼, 암에 시달리기까지 그녀는 삶 자체가 고통이었다. 그러나 그녀가 암을 극복하고 많은 이들을 치유하는 상담가가 되기까지는 "자기 사랑"의 힘이 있었다. 상처받은 자신을 향해 사랑을 선포하고 아침, 저녁에 자신을 치유하기 위한 확언을 빼먹지 않았다. 자신의 고통스러운 삶의 경험이 자신의 본질이 아니라고 믿고, 존재적 가치를 보고자 노력했다. 그녀는 이후 상담가가 되어 많은 이들을 치유하며 자신을 사랑하라고 외쳤다. 자기를 제대로 사랑하지 않는 사람들은 인생의 다양한 문제에 부딪힌다고 말한다.

건강한 자기 존중감은 삶을 윤택하고 단단하게 만들어 준다는 것을 기억하자. 많은 성공자의 이야기엔 무너진 자존감을 다시 확립하는 계기들이 반드시 있다. 당신이 이 책을 들고 선 지금이 그 시기이길 바라본다.

사람은 누구도 침범할 수 있는 존재적 가치와 의미가 있다. 자신이 인정하지 않을 뿐이다.

모든 좋은 일은 자신을 진정으로 받아들이고 사랑할 때에야 시작된다.
루이스 헤이, 〈치유〉 중에서

아이와의 소통:
자유의지를 존중해라

현대로 올수록 소통능력은 가장 중요한 리더십의 요건이 되었고, 업무능력의 필수 요소로 지적된다. 그러나 나이가 들어갈수록 소통능력은 점점 둔감해지는데 젊은 세대와 눈높이를 맞춰 소통하려는 의지가 부족하게 되면 그렇다. 나이가 들어가면서 과거의 습성과 가치관을 그대로 답습하는 것은 소통의 부재를 낳을 수밖에 없다.

자녀들을 키우며 우리는 이와 똑같은 실수를 저지른다. 어린 자녀의 눈높이에서 세상을 바라보고 소통하려 하지 않고 부모의 입장에서만 아이와 대화하려고 하니 소통 불가가 되는 것이다. 아이는 화가 쌓이고 부모는 자기 뜻대로 억압하려 한다.

어릴 때 아이들은 부모가 곧 신적 존재고, 생존을 위해 매달리게 되는 유일한 사람들이기 때문에 부모의 말을 어느 정도 들으려 한다. 그러나 사춘기 즈음 자아의식이 강해지면서 독립하려는 시기가 가까워져 올수록 그동안의 눌린 감정이나 의지를 표현하기 시작한다. 이렇게 되면 부모는 소통

할 것인지, 부모의 과거 가치관을 고집하며 아이와 대치할 것인지를 선택해야 하는 상황까지 온다. 자녀와의 소통에서 가장 중요한 것은 무엇일까?

〈100세까지 살아봤더니〉의 저자 김형석 교수는 자녀교육에 대한 조언을 구하는 기자의 질문에 이렇게 되물었다.

"부모는 다 자식을 사랑하지요. 부모가 자식을 사랑한다고 할 때, 자녀의 무엇을 사랑하는 겁니까? 아이의 성적인가요, 아니면 재능인가요. 여기에 답해 본 적이 있습니까? 이걸 생각해 봐야 합니다. 부모가 아이를 사랑한다는 것은 아이의 자유를 소중하게 여기는 것입니다. 자유는 곧, 선택입니다. 아이에게 선택할 자유를 주어야 합니다. '이걸 해! 저걸 해!'가 아니라 '이런 게 있고, 또 저런 게 있어. 너는 어떤 걸 할래?' 이렇게 선택의 자유를 줘야 합니다. 그러면 아이에게 근육이 생겨나기 시작합니다. 자신의 삶을 헤쳐 갈 마음의 근육입니다."[51]

100세 철학가의 통찰이 놀랍다. 우리가 아이를 사랑한다면 아이의 재능이나 성적을 사랑하는 게 아니라 아이의 선택과 의지를 존중해야 한다는 말이 큰 울림을 준다.

자녀를 키우고, 아이들을 가르치며 점점 중요하다고 여기게 되는 것은 아이의 선택을 존중하고 이해하려는 마음이다. 이것이 진심 어린 소통을 위해 가장 중요하다는 것을 실감한다. 아이와 눈을 맞추고 아이의 의견에 귀 기울여 주고 고개를 끄덕여 주는 작은 행동들이 아이와의 소통을 위한

---

51) 102세 김형석의 자녀교육법 "딱 이것만 주면 된다" 중앙일보, 2021.2.17,

아름다운 모습이다.

센터에 나오는 열 살 남자아이는 어느날 하늘을 바라보며 잠이 들고 싶어 했다. 둘째 네 살 아이를 데리고 육아 전쟁을 벌이는 중인 엄마는 큰 아이의 말에 미소를 지었다. 그날 밤 차를 끌고 별이 보이는 야외에서 두 아들과 속닥이다 차에서 잠이 들었다. 거창할 것도 없는 소원이다. 엄마는 아이의 마음을 읽어 주고 분주한 중에도 한밤중에 기꺼이 차를 몰고 나갔다. 소통은 사람에 대한 공감과 이해가 바탕이 된다. 이 아들의 마음속에 엄마와의 밤중 나들이는 좋은 추억이 될 거고 자신의 바람을 읽어 주는 엄마에 대한 감사와 자신에 대한 소중함도 더불어 느낄 것이다. 이 아이는 집안일을 잘 돕는 엄마를 공감해주는 따뜻한 남자다. 존중받은 만큼 돌려주는 게 사람 관계의 이치다.

억압적이고 순종을 강요하는 부모들일수록 자녀의 마음을 있는 그대로 파악하기가 어렵다. 아이들이 심각하게 느끼는 것들을 가볍게 여긴다거나 반대로 아이가 별 것 아니라고 느끼는 것을 부모는 과도하게 반응하기도 한다. 이런 긴장감이 지속되면 아이가 사춘기가 지날 즈음 부모와 소통 불능의 상태가 돼 버린다.

부모는 아이가 유치한 말과 미성숙한 행동을 한다고 생각되더라도 그의 생각과 의지를 존중해 주고, 소통하려는 노력을 멈추어서는 안 된다. 부모의 이러한 노력으로 아이는 자신을 존중하는 법을 알게 되고 다른 친구들도 존중하며 소통하는 법을 배우게 되는 것이다.

부모들은 아이의 나이만큼 부모로서의 나이를 먹는다. 아이가 세 살이면 부모의 역할을 해 온 시간도 삼 년, 세 살인 거다.

우리 아이 첫 독립육아

세 살 아이와 세 살 엄마와의 동거다. 자녀교육은 부모가 아이보다 몸집이 크다고 해서 저절로 알게 되는 영역이 아니다. 아이 만큼의 나이라고 생각하고 소통하는 게 가장 겸손하고 건강한 소통이다.

아이를 키우다 보면 내면 깊은 곳에 숨어있던 어린 시절의 내가 소환되어 올라온다. 어린 내 아이와 유치하게 싸우고 있는 나를 발견하게 될 때가 있다. 덩치만 클 뿐이지 딱 아이다. 이럴 때 내가 내면 아이로 반응하고 있다는 것을 알아채는 것이 중요하다.[52] 그렇게 인식하게 될 때 잠시 내면의 숨은 아이를 다독이고 이성을 차리자. 내 아이를 향해 톡톡 쏘아붙이고 있는 것은 어린 시절 나의 부모의 모습을 무의식적으로 흉내 내고 있는 것이지 나의 본질이 아니다.

"나는 아이를 있는 그대로 사랑하고 존중하고 싶은 부모다." 내 현실 의지가 내 의식과 무의식을 지배하게 하자. 인식 속에서 부모로서의 나의 정체성을 확고히 하고 흔들리지 말자. 무의식의 기억들이 내 자녀와의 관계를 흔들지 못하게 하리라 고 굳게 다잡자.

아이와 진실한 소통을 하기 위해서는 한 인격체로 아이를 봐주는 게 중요하다. 몸집은 작지만 나와 같은 영혼을 가진 인격체다. 자유의지를 발휘하는 개성 있는 인격체 말이다. 사람을 소중하게 여길 수 있는 마음이 있는 부모라면 이 아이도 소중하게 다뤄야 한다. 매일 훈육하고 가지치기를 해야 잘 자랄 것 같은 두려움에서 벗어나라.

아이는 소중하게 여기고, 자유의지를 존중해 주고, 믿어 주는 만큼 자

---

52) 존 브래드쇼, 상처받은 내면아이 치유, 학지사.

란다. 존중받아 본 아이는 존중할 줄 안다. 주변인들과의 소통도 그런 식으로 이뤄나간다.

기억하자. 아이를 존중하면 아이도 다른 이를 존중하는 법을 알아간다. 이것은 어린아이에게도 적용되는 인간관계의 황금률이다.

〈자녀〉

당신의 자녀는 당신의 소유가 아닙니다.

그들은 온전한 삶을 열망하는 아들이고 딸입니다.자녀들은 당신을 통해 왔으나 당신에게서 온 것은 아닙니다.

당신과 함께 있으나 당신의 것은 아닙니다.

당신은 아이들에게 사랑을 줄 수는 있으나 그대의 생각까지 줄 수는 없습니다.

아이들에게는 자기만의 생각이 있기 때문입니다.

아이들에게 육신의 집을 줄 수 있으나 영혼의 집까지 줄 수는 없습니다.

그들의 영혼은 내일의 집에 살고 있습니다.

그곳은 당신이 꿈에서조차 방문할 수 없는 곳입니다.

당신이 그들처럼 되고자 할 수는 있겠으나 그들을 당신처럼 만들지는 마십시오.

삶은 거슬러 가지도 않으며 어제에 머무르지도 않기 때문입니다.

칼릴 지브란

우리 아이 첫 독립육아

04

내 아이가 고집쟁이?
그릿(GRIT)의 시작!

순둥이 아이를 키우는 엄마들은 절대 알지 못할 고민이 있는 부모들이 있다. 자녀교육서를 읽어대고 부모교육 강의를 들으러 사방을 쫓아다녀도 자기 자녀에겐 소용이 없는 부모들이다.

미술 놀이하자고 준비 다 해놓으면 자전거 탄다고 나가고, 짜장면을 먹자고 하면 꼭 치킨집 앞에 가 있는 녀석들이다. 이런 체제거부형 아이들의 부모는 자녀교육 이야기가 나오면 할 말이 없다. 자녀교육 강의를 들으러 갈 게 아니라 심리 상담소를 찾아가야 할 판이다.

그런데 기억해야 할 중요한 사항이 있다. 이 세상의 리더들은 대부분 체제거부형 아이였다는 사실이다. 이들에 의해 세상은 진보를 이루고 앞으로 나아간다. 이런 체제거부형 아이들은 전체 아이들의 10% 정도밖에 되지 않는다. 반면 순둥이 형, 순응형 아이들은 40%에 달한다. 대기만성형 느린 아이들도 15% 정도 된다.[53]

스페이스 엑스의 일론 머스크나 마이크로소프트사의 빌 게이츠, 애플의 스티브 잡스 모두 대표적인 체제거부형 아이들이었다. 체제거부형 아이들은 학교 교사나 다른 공동체에서나 지적당하는 일이 많다. 이런 아이들은 누가 시켜서 일하거나 순순히 따르지 않는다. 그래서 순응을 강조하는 공동체에 들어가면 지지를 받기가 참 어렵다.

이런 아이들은 스스로 체험하며 시행착오를 거치며 배우는 아이들이다. 정답이 있다는 것에 별로 신경 쓰지 않고 자기만의 답을 찾아다니는 아이들이다. 새로운 것에 대한 호기심이 많고 탐험을 즐긴다. 실수도 많지만 크게 맘에 담아두지 않고 다시 시도하는 아이들이다. 부모가 감당할 역량을 넘어서기도 해서 부모와 많은 다툼을 벌이기도 한다. 그래서 이런 아이들을 키우는 부모는 도량을 넓힐 필요가 있다.

체제거부형 아이들은 자기가 하고자 하는 것이 명확하고, 좋아하고 싫어하는 것이 분명하다. 대충 아무거나 하는 일이 없다. 부정적으로 보면 고집불통에 소통불능일 수 있다. 그러나 긍정적으로 보면 자기가 갈 길이 명확한 아이고 목표가 분명한 아이다.

현대 직장인 중 자기가 좋아하는 일에 종사하는 사람은 전 세계적으로 13%에 지나지 않는다.[54] 대부분은 자기가 뭘 원하는지도 모른 채 인생을 살아간다. 원하지 않는 일에서 성과를 내기란 참으로 쉽지 않다. 그러나 어릴 적부터 자기가 뭘 원하는지 호불호가 명확한 아이들은 자기가 가고 싶은 길이 명확하다. 부모나 주변인에게 제지당하지 않고 격려받으며 자기 길을 갈 수만 있다면 열정적 그릿(GRIT)을 가지고 꿈을 이뤄갈 수 있는 아이들이다.

---

53) 최성애, 조벽, 존 가트맨, 내 아이를 위한 감정코칭, 해냄. p.130.
54) 앤절라 더크워스, 그릿, 비즈니스북스, p.139.

그릿(GRIT)은 환경을 뛰어넘는 지속적 열정과 *끈기*다. 성공의 필수 요소이고 개인의 명확한 관심사에 열정과 *끈기*를 가지고 도전하는 태도다. 앤젤라 더크워스는 그릿을 갖게 되는 첫 번째 요소가 자신이 어떤 일에 관심 있어 하는지 아는 것이라고 했다.[55] 현대인 중 많은 이들이 자신이 무엇에 관심이 있고 잘하는지 알지 못하는 안타까운 상황이다.

그런데 어려서부터 자기가 뭘 원하는지 정확히 알고 추구한다면 꾸중할 것이 아니라 칭찬과 격려를 해줘야 하는 것이다. 부모가 원하는 모습, 사회가 원하는 순종적 태도가 아니라고 해서 아이들을 저지하고 나무라는 것은 어리석은 행동이다. 아이가 어떻게 자랄지 우리는 모르지 않는가? 빌 게이츠가 될지, 스티브 잡스가 될지 어떻게 알겠는가? 모든 가능성을 열고 자녀를 최고의 가능성을 가진 존재로 봐라. 믿는 만큼 자란다. 기대하는 만큼 커간다.

부모 말 잘 듣는 옆집 순둥이와 비교하지 마라. 비교는 둘 다 죽이는 행동이다. 아주 특별한 아이, 당신의 아이에 집중하라.

말썽꾸러기 제프 베저스의 엄마 베키는 호기심 많은 아들 제프를 키울 당시 자신도 육아법을 전혀 알지 못하는 어린 나이였다. 만 17세에 아이를 낳은 베키는 아이의 관심사를 따라주기로 마음을 정하고 아이가 즐거워하는 일을 지켜보기로 했다. 제프가 만 세 살 때 큰 침대에서 자고 싶다고 졸랐는데 엄마 베키는 좀 더 크면 큰 침대를 가질 수 있다고 설명해줬다.

55) 앤젤라 더크워스, 그릿, 비즈니스북스, p.135.

그러나 다음날 어린 제프는 드라이버를 들고 아기 침대를 분해하고 있었다. 엄마는 어린 아들을 도와 침대를 분해해 더 큰 침대를 만들어 주었다. 제프의 호기심은 날로 진화했다. 엄마의 포용력도 한층 커졌다. 제프는 부엌 찬장의 손잡이를 모두 연결해 한꺼번에 열리게 하기도 하고, 방 문턱에 경보장치를 연결해 사람이 들어올 때마다 요란한 경보음이 울리게 하기도 했다. 주변 사람들이 제지하라고 했지만 정작 엄마는 괜찮다는 태도였다.

제프는 중학생 때 각종 기계장치를 발명했고, 고등학교 때는 자기 집 차고를 실험실로 개조해 발명과 실험에 몰두하기도 했다. 제프는 대학에서 컴퓨터공학과 전기공학을 전공했고, 투자기금관리 프로그램을 개발하기도 했다. 몇 년 후 그는 세상 누구나 아는 거대 서점 아마존닷컴을 만들었다.

베키가 아들을 키우는 중 가장 잘한 일은 아이의 호기심을 묵살하지 않고 끊임없이 격려하고 지지해줬다는 사실이다. 그런 부모의 태도에 힘입어 호기심은 결과를 만들어 내게 되고, 그러한 도전과 성취가 쌓여 성인이 돼서 성공적인 기업을 일굴 수가 있었다. 이러한 호기심과 도전의식, 작은 실패와 성취의 반복은 대기업을 이룬 사람들의 공통점이기도 하다.

부모는 먼저 이런 아이를 향한 내면의 부정적 인식부터 바꿔야 한다. 체제에 순응하지 않고 제멋대로 하려는 아이를 키우는 부모는 장래 리더를 키우고 있을 수도 있는 것이다.

키울 땐 힘겹고 특이해 보이지만 지도자가 될 가능성이 있다는 마음을 가지고 키워야 더 좋은 결과를 보게 된다는 것이다.

문제아로 인식하면 문제아가 된다. 그러나 성공할 패기 넘치는 잠재적 지도자로 본다면 그 가능성대로 성장해 갈 것이다.

자녀는 믿는 대로 커 간다.

스티브 잡스, 제프 베조스, 빌 게이츠 그들은 모두 고집스런 아이였다.

엔젤라 더크워스, 〈GRIT〉의 저자

05

호기심 다음은 꾸준함

아이들의 호기심을 인정해주고 발현할 수 있게 하는 것은 독립육아의 시작이다. 호기심은 아이 안에 숨은 재능이 싹을 틔우기 위해 보이는 신호다. 호기심을 보일 때 묵살하면 아이는 스스로 새로운 것을 시도하려는 마음을 먹지 않는다. 아이들이 원하는 것을 해 보게 하고, 아이들이 그것을 지속할 수 있게 격려하는 부모가 아이의 궁극적인 재능과 진로를 찾아낼 수 있다.

하지만 계속 호기심만 가지고 이것저것 시도만 하다가 그만두는 행동은 좋지 못하다. 시작한 일을 끝내보는 경험이 중요한데 이것은 아이가 성과를 낼 때까지 인내심 있게 기다려줄 때 가능하다. 아이의 호기심이 뭔가를 시작할 힘을 발휘하면 부모는 격려해 주고 끝까지 해낼 수 있게 지원해 주어야 한다. 그럴 때 진정한 끈기의 힘이 발휘된다.

또 하나 중요한 것은 아이가 시간을 들여서 해낸 결과물이 별 것 아니게 보이더라도 부모는 크게 기뻐해 주고 칭찬해 줄 수 있어야 한다는 것이다. 그 결과물을 만들 때까지의 노력과 과정이 중요하다. 사실 어린 시절엔 결과물이 얼마나 대단한가는 크게 중요하지 않다. 뭔가 큰 것을 이루었다는 결과보다는 끝까지 노력했다는 의지를 봐줘야 한다. 이 의지력은 성인이 돼서야 빛을 본다.

어린 시절에는 역량을 키우는 시간이다. 대단한 결과물이 중요한 게 아니다. 뭔가를 이루기 위해 끈기와 성취의 경험들이 필요한 것이다. 그런 경험을 학교 교과목 성적에만 국한하지 말라. 끈기를 기르기 위해 다양한 일들을 활용해라. 꾸준히 블로그 활동을 하거나 DIY를 하는 것도 좋다. 아이가 흥미 있어 하는 활동으로 끈기와 지속성을 훈련해 보는 것을 추천한다.

흔히 말하는 전문가가 되기 위한 1만 시간의 법칙은 성과를 이루기 위해 쌓인 시간과 노력의 양이 그만큼 필요하다는 말이다. 아이들이 원하는 일을 발견하게 하되 그 일을 지속할 수 있게 격려하고 함께 기뻐해 주는 것은 부모가 해줄 수 있는 가장 큰 역할이다. 아이들이 도전하거나 관심을 보이는 것을 부모는 곁에서 관심 있게 지켜봐 줘야 한다.

열두 살에 프로 기사가 된 이세돌은 바둑에 몰입하는 훈련을 다년간 했다. 그에게 붙은 천재라는 타이틀과는 다르게 한수 한수 심혈을 기울이는 그의 바둑은 보는 이로 하여금 진지함과 정직한 노력의 중요성을 배우게 한다. 자신을 격려한 아버지와 형을 통해 그는 바둑을 지속할 수 있었고 끊임없는 연습과 노력으로 한국 최고의 바둑 기사로 이름을 남겼다. 인공지능 알파고와의 대국에서도 여유로웠던 그의 모습을 보며 인간이 가질 수 있는 유연한 힘을 볼 수 있었다.

김연아는 세계 최고의 피겨 스케이팅 선수로 한국의 피겨 스케이팅에 전설 같은 존재다. 그녀의 끊임없는 연습과 노력은 수많은 영상으로 만들어져 감동을 선사해 줬다. 트리플 악셀 연습으로 다리가 휘어있는 모습과 구두를 신기에 불편한 발 모양까지 그녀의 노력을 보여주는 단면이다.

강수진은 독일 무형 문화재로 등재된 슈투트가르트 발레단 수석 발레리나다. 그녀는 동양인 최초 브누아 드 라 당스(무용계의 '아카데미상'으로 불리는 무용계 세계 최고 권위의 상) 최고의 무용수로 선정되기도 했다. 그녀는 매일 5시 30분에 일어나 밤 8시까지 연습하며 자신의 하루를 열정으로 꽉 채웠다. 그의 일그러진 발 사진은 보는 이로 하여금 겸허한 마음이 들게 할 정도다.

여기서 소개한 세 명은 일찍 자기 소질을 발견하고 끈기 있게 노력하고 도전한 사례들이다. 이런 인물들을 보면 으레 일반인들은 그들과 자신들 사이엔 큰 강이 놓인 것처럼 생각한다. 그들은 천재, 우리는 범인처럼 여긴다. 의식이 사람을 만드는데 이러한 생각에서 벗어나야 한다.

아이들이 이들처럼 자신의 타고난 잠재력을 다 발휘하는 것이 우리의 목표가 되어야 한다. 아이들의 최선을 믿어 주는 부모는 내 아이를 위해서 마음을 다잡는다. 우리 아이가 그가 살아낼 최선의 모습으로 살 수 있도록 함께 하자.

아이가 관심 있어 하는 일을 꾸준하게 할 수 있도록 돕기 위해 제안을 한다.

아이가 흥미 있어 하는 일, 그것이 악기 개인지도, 운동, 발레, 스케이트 등 어떤 것이 됐든지 아이가 스스로 도전하기로 마음먹으면 일정 기간 성실하게 지속할 수 있도록 돕는다. 기간은 아이의 나이에 따라 한 달이든, 6개월이든, 1년이든 자녀와의 조율을 거쳐 정하자. 중간에 포기할 수 없고 정한 기간은 채우고 끝마칠 수 있다는 조항을 달자. 그래야 신중하게 결정하고 지속할 수 있다.

우리 딸은 피아노를 배우고 싶다고 해서 2년간 꾸준히 다녔고 그 이후에도 틈날 때마다 피아노를 연습하곤 했다. 아이는 교회에 반주해줄 만큼 실력이 향상했다. 그 후에 플루트에 관심이 생겨 4년간 배우며 오케스트라에도 참여해 초등학교 시절 좋은 추억을 쌓기도 했다. 아들도 바이올린을 3년간 꾸준히 배워 작은 가족 음악회 정도는 선보일 수 있게 되었다. 아이들에게 꾸준함의 기억은 성인이 돼서도 무언가를 지속할 힘이 된다. 아이의 호기심이 물꼬를 터 주는 시작이 되지만 꾸준함은 그것에 실제적인 능력을 더해 준다.

아이들에게 공부를 통해서만 꾸준함을 연습시키려는 부모는 제대로 아이의 재능을 발견해 내기가 어렵고, 꾸준함을 연습시킬 기회도 얻기 힘들다. 그것이 무엇이 됐든지 아이의 흥미를 통해서 꾸준함의 연습을 시작해 보라. 진정한 꿈을 발견하기까지 이러한 몰입과 꾸준함의 경험들은 여러번 반복해서 생기게 된다. 관심이 옮겨가더라도 지켜봐 주며 꾸준히 몰입할 환경을 마련해 주자. 인생을 멀리 보고 자녀의 행복과 삶의 다양한 경험과 진로를 생각해 보자.

타고난 재능이 없는 일도 거듭하다 보면 제2의 천성이 된다.

존 어빙, 소설가

아이의 눈물, 화, 겁 짜증 나?
감정은 판단하는 게 아니야!

아이들의 감정을 받아주기 어려워하는 엄마들이 있다. 사실 엄마가 자녀의 감정을 받아 내기가 쉬운 게 아니다.

유독 겁이 많은 두 살 딸아이, 툭하면 울어대는 세 살 아들, 장난감을 사달라고 문방구 앞에서 발을 동동 구르는 일곱 살 아들, 매일 동네 덩치 큰 녀석에게 맞고 들어와 훌쩍거리는 아이, 뭐가 그리 쌓였는지 소리를 질러대는 사춘기 딸아이. 이런 모습은 주변에서 흔히 볼 수 있는 아이들의 풍경이다. 어찌 그리도 변화무쌍한 감정들이 있는지 부모는 혀를 내두른다. 그러나, 난 그런 아이들을 보는 게 행복하다. 감정을 묻어두는 아이들을 보는 것보다 훨씬 행복하다.

예전에 난 대안 학교를 운영하며 예절교육, 성품 교육에 열의를 내어 교육하던 교육가였다. 〈사자 소학〉으로 예절을 가르치고, 미국에서 성품 프로그램을 들여와 매주 조회시간에 성품 교육을 했다. 이것은 옳고 저것은 틀리니 옳은 것을 선택하라고 힘주어 말하곤 했다. 아이들은 어느 정도 예절 바르고 자신을 절제하는 것처럼 보였다. 난 내가 아주 잘하고 있다고 생각했다.

열아홉 늦은 사춘기를 앓던 딸아이가 어느 날 밤 내 방으로 들어왔다. 어린 시절부터 말썽 없이 커오며 궂은일을 도와주던 딸이었다. 작은 대안학교를 위해 헌신해 주던 딸이 그날은 눈물을 흘리며 말했다.

"엄마, 화나는 감정이 올라오면 죄책감이 들어. 상대방에 대한 부정적 감정만으로도 잘못한 느낌이 들어. 난 내가 어떤 상황에서 어떤 감정이어야 하는지 혼란스러워…"

감정은 자연스러운 것 아닌가? 그런데 아이는 상황에 따라 자신의 감정이 적절한지를 모르겠다고 말했다. 그날 밤 난 딸아이와 긴 대화를 나누며 함께 울었다.

그날 이후 난 교육하던 프로그램들을 다시 생각해 보기 시작했다.

예절을 가르치며 아이들에게 옳은 행동, 그른 행동을 가르친 것이 잘못이었나? 아니다. 성품을 가르치며 본받을 만한 성품과 반대되는 성품을 가르친 게 잘못된 걸까? 아니다. 바른 행동을 가르치는 게 잘못이 아니라 그 지변에 깔린 감정에까지 옳다, 그르다는 판단을 했던 것이 잘못이었다.

인간의 감정은 감정일 뿐이다. 옳은 감정, 그른 감정이 따로 있는 게 아니다. 다른 사람을 사랑하는 감정은 옳고, 미워하는 감정은 나쁘다는 식의 교육은 아이가 자기 내면에서 일어나는 부정적 감정에 대해 죄책감을 느끼게 했다. 자신에 대한 자신감이 사라지고 자신을 정죄하는 마음이 일어났다. 아이는 내면에서 일어나는 분노나 두려움, 미움 등의 부정적 감정을 거부하고, 옳다고 생각하는 감정(사랑, 배려, 이해, 포용 등)을 억지로 끌어왔다. 신앙이 있었기 때문에 더 그러려고 애썼다. 곤란하거나 억울한 상황이 닥쳐도 옳다고 생각하는 용서나 배려의 감정을 선택하여 마음에 품었다. 그러면서 내면 깊은 곳에 일어나는 분노의 이중 감정으로 괴로워한 것이었다.

감정코칭을 배우기 시작했고 그날 이후 난 아이가 내보이는 어떠한 부정적 감정에도 책망하지 않으려 노력했다. 화가 나면 베개를 치라고 말해 주기도 하고, 스트레스가 쌓이면 노래방에 가서 소리 지르고 오자고 데리고 나갔다. 부정석 감성을 성죄하지 않고 건강하게 풀어버리는 방법을 함께 고민했다.

아이가 친구와 다투고 들어와도 "네 탓이 아니야." 이 문장부터 말하고 이야기를 들었다. 아이는 '자신이 잘못한 게 아닌가?'라는 감정에 휩싸였기 때문에 의식적으로 아이에게 "네 잘못이 아니다"를 말해 주고 안심시켰다. 1년 이상의 시간이 지나고 감정에 대한 부정적 의식에서 벗어난 딸은 자신을 향해 과도한 요구를 하는 친구들을 향해 "NO!"라고 말할 수 있게 되었다. 자신의 내면에서 일어나는 다양한 감정에 대해 자연스럽다고 느끼게 되었다.

지금 난 센터에 나오는 아이들이 보이는 감정에 대해서 "좋다, 나쁘다"에 대해 말하지 않는다. 다만 함께 공감해주고 건강하게 표현할 수 있도록 돕는다. 내면에서 올라오는 감정을 향해 죄책감을 느끼지 않도록 부모들에게 특별히 교육한다. 미움이든, 두려움이든, 분노든, 질투든, 그럴 수 있는 상황이 펼쳐져서 내면에서 만들어진 자연스러운 감정이니 공감해주라고 말한다. 놀라운 것은 그렇게 공감받은 후엔 부정적 감정들이 서서히 사그라져 아이들이 유순해진다는 점이다. 이해받으면 사라진다. 그게 건강하게 부정적 감정을 다루는 방법이다.

우리 센터에 나오는 사춘기 아이들이 샐쭉거리며 돌아다녀도 아무도 "쟤 왜 저러냐." 이렇게 말하는 사람이 없다. 그럴만한 상황일 거라 여긴다. "무슨 일 있어?" 물어 주는 누군가가 있으면 주절주절 이야기해 풀어버린다. 누구도 아이에게 버릇없다고 나무라지 않는다.

"그럴 수도 있지." 그게 다.

아무렇지 않은 것처럼 여기면 아무것도 아닌 것처럼 지나가 버린다.

아이들을 교육하며 깨달은 것은 아이들의 감정과 행동을 분리하는 것이 정말 중요하다는 것이다. 감정은 옳고 그르다는 잣대를 적용해서는 안 되는 항목이다. 인간이라면 자연스레 생겨나는 게 감정이다. 특히 우리 뇌의 편도체는 생존을 위해 부정적 감정을 만들어 낸다. 분노, 두려움, 미움, 질투 등은 모두 생존을 위해 만들어진 감정이다. 편도체가 망가진 동물은 포식자가 나타나도 도망가지 않는다. 두려움의 감정을 느끼지 못해 잡아먹힌다. 사고로 편도체가 망가진 사람도 올바른 판단 능력을 상실한다. 이처럼 편도체가 자연스레 만들어 내는 부정적 감정은 판단의 대상이 아니라 공감과 이해의 대상인 것이다.[56] 아이가 감정을 표현하는 것을 허용해 주고 공감해주어야 한다. 부정적 감정 표현을 했다고 해서 아이가 나쁜 아이가 아니다. 아이의 말 뒤에 숨겨진 감정을 읽어 낼 수 있는 부모가 되어야 한다.

56) 최성애, 조벽, 존 가트맨, 내 아이를 위한 감정코칭, 해냄. p.69~74.

다음은 몇 가지 사례다. 말 뒤편에 숨겨진 감정을 살펴보자.

"엄마, 미워! 동생만 좋아하지! 저리 가!"(공감할 감정: 질투, 미움)

"양보하기 싫어! 화가 나!"(공감할 감정: 미움, 피해 의식, 분노)

"무서워"(공감할 감정: 두려움)

"선생님은 저 아이만 이뻐해. 흥, 미워"(공감할 감정: 질투, 미움)

아이들이 이런 감정 표현을 하면 "그랬구나." 진심으로 공감해주고 어떻게 해결할지 조곤조곤 이야기를 해 보는 것이다. 이때 "미움, 질투, 분노" 등의 부정적 감정에 "나쁘다. 네 잘못이다." 이런 꼬리표를 붙이지 말아야 한다. 그러한 감정이 부정적일지라도 "나쁘다"라며 아이를 공격하면 아이들은 감정 조절이 더 어렵게 되고 분노가 쌓이게 된다. 엄마가 아이들을 공감해주면 스스로 자기감정을 추스르기 시작한다. 반면 아이의 분노에 엄마도 분노로 위협하려 들면 아이의 부정적 감정과 그 행동은 더 강화된다.

아이가 감정을 드러내면 건강하다고 여겨라. 부정적 감정이 일어나도 거부하거나 부정하기보다 스스로가 제어할 수 있다고 여겨야 한다. 부모가 강압적으로 억누르면 아이는 분노와 죄책감에 시달린다. 공감받아 본 아이가 다른 사람의 감정도 공감할 줄 안다. 공감받은 아이는 스스로 해결책을 찾아 나선다.

아이의 감정에는 의미가 있고 의도가 숨어있다. 감정을 억제하면
온갖 방어기제 뿐 아니라 육체적 병증까지 나타난다.
이자벨 필리오자, 〈아이 마음 속으로〉 중에서

07

공감 능력자로 키우기

멀리서 길 가던 할머니가 폐지를 인력거로 옮기는 것을 밀어주려 달려갔던 아들의 모습은 소중한 기억 속 장면이다. 누군가를 공감해주고 돕는 이야기를 들으면 항상 감동이 된다.

시대가 바뀌고 세월이 변해도 변하지 않는 가치는 사람을 향한 공감과 이해다. 그것이 크든 작든 진심이 전해질 때 오는 감동은 큰 울림을 남긴다.

공감 능력이 인간적인 감동으로 끝나는 것만은 아니다. 현대에 와서 공감 능력은 기업의 아이디어 창출과 미래 가치에도 중요한 항목이 되었다. 많은 사람이 공감하는 것, 필요를 느끼는 것이 기업이 추구할 서비스나 제품에 영향을 주기 때문이다. 아이들이 어려서부터 따뜻한 공감 능력을 갖추는 것, 누군가의 필요를 알아채서 채워주려는 마음과 아이디어는 격려받아야 한다.

알렉산더 벨은 전화기를 발명함으로 인류에게 커다란 업적을 남겼다. 그는 청각 장애인 어머니와 소통하기 위해 수화를 배우고 작은 소리에 반응하는 음성메시지 전달 기구 연구에 몰두했다. 그의 주변엔 항상 청각 장애인들이 있었고, 그들을 돕기 위해 연구에 골몰하다가 병을 얻을 지경이 되기도 했다. 청각 장애인들을 위한 음성메시지 전달 기구를 만들다가 발명해 낸 것이 전화기였다. 잠시 잠깐 그들의 필요에 공감해 준 정도가 아니라 문제를 해결하기 위한 열정과 끈기를 발휘할 힘이 그에게 있었다.

2019년 아기 띠 회사를 차린 지용이 엄마는 기존 아기 띠 제품들이 몸에 맞지 않아 아기를 안고 일을 하면 온몸이 아팠다. 사용이 편리하고 몸에 무리가 가지 않는 안전한 제품을 자신과 아이를 위해 만들어 쓰다가 다른 엄마들도 필요가 있다는 사실에 공감하고 제품으로 출시하였다. 첫해 매출만 50억이었다.[57] 많은 사람이 함께 공감하는 것이 실현됐을 때 영향력은 대단한 것이다.

인간관계에서는 순수하게 공감만 잘 해줘도 소통이 잘 된다는 것을 알 수 있다.

현대 많은 인간관계 문제가 공감이 안 되고 소통이 안 돼서 나타나는 현상이다. 상대방의 입장에 서보는 능력, 상대방의 감정을 공감해주는 능력은 현대에 와서 더욱 요구되는 능력이다. 아이에게 공감 능력을 키워주기 위해서 부모가 먼저 공감지수(EQ)를 확인해 보자.[58]

공감 능력이 떨어진다면 스스로 문제의식을 갖고 노력할 필요가 있다. 특별히 부모가 어린 시절 애착 형성이 안 된 경우, 정서적 필요나 물리적

57) "개인적 필요에 의해 만들었다가 50억 대박난 지용이 엄마" 조선일보, 2019.1.24.
58) 성인용 EQ 테스트치는 인터넷상에 다양하게 나와 있으니 쉽게 테스트해 볼 수 있다.

우리 아이 첫 독립육아

필요가 채워지지 않았던 경우는 성인이 돼서도 공감 능력이 떨어질 수밖에 없다. 인간이 갖는 공통된 감정에 대해 마음을 열고 이해하려는 태도를 보이는 것이 중요하다.

　다음은 자녀의 감정을 공감해주지 못한 부모와 아이의 이야기다.
　특목고에 다니던 H 여학생이 시험 당일 학교 출석을 거부했다. 이 아이는 부모가 주도하여 어릴 적부터 과외와 학원을 돌았다. 부모가 원하는 특목고에 갔지만, 시험에 대한 강박에 시달리던 어느 날 모든 것을 놔버리고 싶은 충동에 학교에 가지 않았다. 부모는 어찌해야 할지 알지 못하고 아이를 나무랐지만, 소용이 없었다. 아이의 감정이 어떠했는지 공감해주지 못한 시간이 쌓이자 아이는 억눌린 분노와 강박을 이겨낼 수 없는 지경에 온 것이었다. 엄마는 드디어 자신의 잘못을 마주 대하고 상담사를 찾았고, 아이의 말에 어떤 반대나 잔소리를 섞지 말고 공감해주라는 솔루션을 받았다. 아이의 말에 "그랬구나. 엄마가 몰라 줘서 미안하다"라는 말을 진심을 다해 지속하라는 것이었다. 아이는 숨겨진 분노를 드러내는 중이었고 사사건건 부모에게 시비를 걸었다. 이제껏 키워온 순한 아이가 아니었다. 억눌린 감정을 풀어놓기 시작하자 아이는 분노가 사라질 때까지 울고불고 이해할 수 없는 떼를 쓰기 시작했다. 부모는 아이의 마음이 풀어질 때까지 공감하기를 지속했고 아이는 점차로 회복하여 안정되었다.[59]
　아이의 의지와 감정을 무시하고 억누르는 것이 얼마나 큰 상처를 만드

---

59) 김상운, 리듬: 부정적 생각 싹 날려 버리는 도구, 정신세계사. p.32~38.

는지 보여주는 사례였다. 나 또한 내 아이의 감정보다 윤리적 가치를 먼저 가르치고 요구했던 경험이 있다. 현재의 내 아이보다 중요한 건 아무것도 없다. 미래 성공을 위한다고 오늘 아이의 감정을 무시하고 억누르지 마라. 진심으로 아이를 위하는 일이 아니다. 아이의 감정을 충분히 공감해주고 소통하는 것은 아이를 건강하고 독립적으로 키우는 첫 번째 덕목이다. 어떤 목적도 아이들의 감정을 공감해주는 것보다 우선하지 않아야 한다.

감정을 공감해주는 뇌과학 팁

자녀의 긍정적 감정을 공감해주는 것은 수월하지만 부정적 감정에 공감하고 받아주기란 쉽지 않다. 뇌의 특징을 알면 부정적 감정을 다루기가 조금은 쉬울 수 있다. 사람의 뇌(편도체)는 위험하다고 인지하는 순간 본능적으로 두려움, 분노, 슬픔, 후회 등의 감정을 강렬하게 느끼게 한다. 위험에 대처하게 하려고 몸이 보내는 본능적 신호다. 감정이 떠오른 순간부터 90초 정도를 강하게 느끼게 되는데 그 시간이 지나면 약화한다. 그러므로 갑자기 들어온 부정적 감정을 바라보면서 90초 정도를 느낀 후에 흘려보내면 된다. 90초가 지나도 감정에서 벗어나지 못하는 경우는 부정적 감정을 일부러 끌어안고 놓아주지 않으려는 의지다. 흘려보낼 수 있는데 감정을 붙잡고 상황을 곱씹는다. 이럴 때 부모는 아이의 감정을 공감해주어 부정적 감정에서 빠져나올 수 있게 도와주어야 한다. 공감 없이 "뭐 그런 것 가지고 그래"라고 상황을 축소시키면 아이는 억눌린 감정을 풀어놓을 수가 없다. 감정은 풀어놓을 수 있는 에너지다 아이에게 죄책감을 주어 고치려고 하지 말고, 탓하지도 말고, 아이 감정에 먼저 공감하라.

"네가 무서웠구나"

"힘들었구나"

"화가 났구나"

공감해주는 것만으로도 아이는 스스로 그 감정에서 빠져나올 수 있다. 공감받은 감정은 서서히 사라지게 된다.

만약 특정 사람이나 상황에 분노가 계속되면 감정을 공감해 준 다음에 이성적으로 대화를 나눠보라. 감정이 격앙됐을 때는 올바른 상황 판단이나 해결책을 찾기가 어렵다.

우리의 내면에 있는 것은 밖으로 표현되어 나온다. 두려움이 많은 사람은 세상을 보는 눈도 겁이 많고 조심스럽다. 화가 많은 사람은 세상이 불만스럽고 짜증스럽다. 죄책감이 많은 사람은 세상이 유혹과 죄로 가득한 곳으로 본다. 세상을 보는 눈은 사람 내면에 억압된 감정과 연결되어 있다. 억누르지 말고 공감해주고 건강하게 풀어내게 하자. 그러면 세상을 보는 눈도 바뀌게 된다. 이 세상이 두려운 곳이 아니라 자유롭고 도전할 만한 곳으로 느껴지게 될 것이다.

감정을 공감해주는 것이 진정한 자녀사랑이다.

최성애 박사, 감정코칭 전문가

08

자기 색깔 메타인지하게 키워라

메타인지(metacognition)는 자신을 객관적으로 파악해서 아는 능력이다. 자신이 뭘 아는지, 뭘 할 수 있는지 아는 능력이다. 그리스 철학자들이 그렇게 외치던 "너 자신을 알라"는 말이 메타인지다. 사람은 자신을 잘 알고 있다고 생각하지만, 착각일 경우가 많다. 수많은 죽음을 지켜본 호스피스운동의 엘리자베스 퀴블러 로스에 의하면 죽기 전 인간이 하는 많은 말중 하나가 자신이 누군지, 무엇을 좋아하는지도 제대로 알지 못한 채 떠밀리듯 인생을 살아왔다는 말이었다.

자신이 무엇을 잘하고 무엇을 못하는지 스스로가 파악할 수 있어야 그다음 단계로 무엇을 해야 할지 알게 된다. 메타인지가 높을수록 공부나 자기 분야의 성취도가 높다. EBS에서 상위권 학생들의 메타인지도를 조사했다.[60] 상위 0.1%의 학생들은 학원을 거의 다니지 않는데도 성적이 좋은

---

60) EBS 교육대 기획 10부작, 학교란 무엇인가 8부, 0.1%의 비밀, 2010.11.29.

경우가 많았다. 그 아이들은 하루 3시간 이상은 개인공부 시간을 갖는다고 한다. 스스로 공부하면서 자신의 부족한 부분과 아는 부분을 객관적으로 파악하고 메타인지하는 학생들이다. 뛰어난 운동선수들의 공통점도 마찬가지로 자신이 어떤 것을 잘하고 어떤 능력이 부족한지 정확히 알고 대처한다.

자녀들이 어려서부터 자기 자신이 무엇을 아는지, 무엇을 할 수 있는지 아는 것은 중요하다. 일부에서는 메타인지라는 개념을 학습에서만 한정적으로 적용하려 한다. 그렇지 않다. 메타인지는 사람이 살아가는 모든 일상 속에서 자기를 파악해 내는 일이다. 학습에만 국한하는 것은 너무 좁은 틀에서 메타인지를 이해하는 태도다.

메타인지는 다른 누군가 대신해 줄 수 없는 것으로 오롯이 자신이 알아내야 하는 능력이다. 자신에 대한 메타인지를 높이려면 먼저는 무엇에 흥미 있는지부터 알아내야 한다. 그 후에 그것을 실제로 잘 해낼 수 있는지 자신을 그 환경에서 실험해 보는 것이다. 운동을 잘하는지 알려면 운동을 해 보면서 자기 능력을 점검해 보면 되는 것이다.

부모는 시간적 여유를 갖고 아이를 지켜볼 필요가 있다. 주변 엄마들의 말이나 학교 교과과정 따라가는 것만 급급하기보다 내 아이를 아는 게 중요하다. 내 아이의 장단점을 누구와 비교해서 파악하려 하면 안 되고 내 아이 스스로에게서 답을 찾아내야 한다.

유명 운동선수들이 공부를 잘한 것은 아니었다. 자신이 운동에 흥미가 있고 잘할 수 있다는 것을 알았고 운동에 참여해 보며 확인하는 시간을 가진 것이다. 이것이 자신을 메타인지하는 과정이다. 자신이 뭘 좋아하는지, 그리고 그것을 잘 해낼 수 있는지 실행해보며 알아가는 과정이 필요하다. 과정이 없이는 자신조차도 자기의 능력과 흥미를 알 길이 없다.

아이 스스로 자기 분야를 찾을 시간적 여유를 줘야 한다. 교과과정을 따라잡기 위해 모든 시간과 에너지를 다 쏟은 후에 정작 남는 에너지가 없어서 자기 분야를 못 찾는 아이들이 얼마나 많은가? 아이가 모든 것을 잘 해내리라는 기대는 부모의 욕심이다. 학교 공부도 다 따라잡고 자기 재능도 척척 찾아내는 아이는 드물다.

여유를 갖고 이것저것 해 본 후에야 자기의 흥미를 찾는다. 부모의 눈에는 의미 없어 보일지라도 아이에게 그런 시간이 필요하다는 것을 인정해야 한다. 자기를 위해 몰입하는 시간을 주어야 한다. 그러다 정말 하고 싶은 것을 발견하면 지속하고 싶다는 요구를 하게 된다. 그러면 도와주면 되는 것이다. 스스로가 지속 가능한지 해 볼 기회를 얻고, 경험해보는 시간이 충분히 있어야 한다. 그 길에 난관을 이겨낼 수 있는 의지가 있는지 스스로 확인하게 하고, 전문가들도 섭외해서 만나게 하고, 도움이 되는 경험도 더 할 수 있게 돕는 것이다. 물론 전문가들을 섭외하고 상위 과정으로 도약하는 과정도 스스로 할 수 있으면 좋다.

나와 같은 시기에 홈스쿨 하던 이웃 임하영의 이야기다. 이 아이는 중학생 시절에 주식에 관심을 두기 시작해 홀로 도서관에 파묻혀 주식 관련 책들을 100권 정도 읽었다. 우량주를 매입하고 매일 주식 동향을 살피며 투자자의 눈으로 주식시장을 주시했다. 1년간 투자 금액 외에 40% 수익을 볼 때까지 아이의 관심은 멈추지 않았다. 그러던 어느 날 홀연 주식을 그만두었다. 주식장에 파묻혀 지내던 아이는 역사와 사회로 관심을 돌렸다. 부모는 아무 말없이 지켜볼 뿐이었다. 적은 금액이지만 수익도 올렸고, 아이는 스스로 경제 흐름을 파악하고 기업의 가치를 판단해 보는 기회를 얻는 좋은 경험을 했다. 아이가 자신을 알아가는 과정이기도 했다. 아이가 관심을 보이는 일이 정해지면, 아이를 믿어 주고 지켜보면 된다. 아이는 이번엔 역사와 정치, 사회 관련 책을 독학하고 대학 교수의 강의를 청강하러 다녔다. 다행히 교수들은 어린 학생의 열정을 흔쾌히 받아주었다. 대학 강의를 청강하던 중 유럽의 정치와 사회를 알아보고 싶다고 어느 날 바이올린을 둘러매고 배낭여행을 떠났다. 유럽의 도시 한복판에서 바이올린을 연주해 생활비를 벌고 무료로 재워 주는 마음씨 좋은 현지인들을 만나 대화하며 88일간의 여행을 마치고 돌아왔다. 그리고 그 과정을 고스란히 기록에 남겨 스무 살이 갓 넘은 나이에 벌써 두 권의 책을 낸 작가가 됐다.[61] 지금은 미네르바 대학에 입학해 색다른 도전, 특별한 경험을 하는 중이다. 우수한 고등학교를 나온 아이들도 들어가기 어렵다는 미래 대학 미네르바에 100대 1의 경쟁을 뚫고 입학했다. 전 세계 7개국에 기숙사가 있고 전 세계 다양한 인종들과 만나 마음껏 소통하고 토론하는 미래 대학이다. 대기업들의 후원이 잇따르는 이 대학에서 무엇을 배우고 어떤 도전을 이룰지 기대가 된다.

이 아이는 자신이 하고 싶은 일들을 좇아 짧은 인생을 달려왔다. 자신이 어떤 것에 흥미 있어 했고, 무엇을 잘하고, 어디까지 할 수 있는지 말할 수 있다. 이 아이는 자신을 메타인지 할 수 있도록 자신의 능력을 끊임없

---

61) 임하영, 학교는 하루도 다니지 않았지만, 천년의 상상, 임하영, 소년여행자, 천년의 상상.

이 시험해 왔다.

우리는 아이를 어떤 자세로 키워 세상 가운데 내보내야 할까? 적어도 자신이 누구이고 어떤 것을 좋아하고 얼마만큼 그 일을 해낼 수 있는지, 알고 있어야 하지 않을까?

우물 안의 개구리처럼 선형적인 교과 공부가 전부라는 생각에서 벗어나야 한다. "나"만의 인생의 긴 마라톤을 달리기 위해 나를 이해하고 아는 것이 더 중요하고 가치 있는 것이다.

부모가 뒤로 물러나 아이가 스스로 자신의 성향과 인생 목적을 찾아낼 시간적 여유를 주는 것은 어떤가? 공부를 안 하면 잘못될 것같이 안달하는 두려움을 내려놓고 아이를 믿어 주는 건 어떨지 한번 생각해 보자.

모든 변화는 자신을 정확히 아는 것에서 시작된다.

리사손 교수, 〈메타인지 학습법〉 저자

09

세상에 유익을 주는
아이로 키워라

인간은 살아가면서 자기 성취감을 느낄 때 만족이 온다. 우리가 아는 성공한 사람 중에는 자기성취뿐 아니라 베풀고 나누는 삶으로 사회적 존경을 받는 이들이 있다. 그들은 하나같이 베풀었을 때 느끼는 만족감에 대해 이야기를 한다.

세계 대 부호들은 자신이 번 돈을 사회에 환원하는 것을 큰 미덕으로 여긴다. 미국의 기부 역사는 100년 이상 된 오랜 전통이다. 록펠러, 카네기, 빌 게이츠, 워런 버핏, 마크 저커버그 등 세계 대부호들이 내는 기부금은 작은 나라의 1년 예산과도 맞먹는 금액이다. 빌 게이츠 재단만 해도 42조가량의 자산 규모를 가지고 있다. 워런 버핏은 2006년에 자신의 전 재산(당시 71조)을 빌 게이츠 재단에 기부하겠다고 밝혔다. 현재까지 44조를 기부한 상태다. 마크 저커버그도 2010년 개인 자산의 50%를 기부하겠다고 밝혔다.[62] 슈퍼

---

62) 재산 10조 카카오 김범수 절반 이상 기부, 조선일보, 2021.2.9.

부자들의 기부 문화는 부를 가진 이들이 보여주는 사회적 책임의 아름다운 모습이다. 근래 우리나라 카카오 이사회 김범수 의장도 재산의 50%, 약 5조 원에 대해 기부 의사를 밝혔고, '배달의 민족' 김봉진 의장도 재산의 절반 5천억 원 정도를 기부하겠다는 의사를 밝혔다.[63] 드디어 우리나라도 기부 문화의 좋은 사례들이 생기는 것 같아 뿌듯한 마음이 든다. 우리의 아이들에게 나누는 부자에 대해 가르칠 수 있게 되는 계기가 될 것 같다.

우리가 자녀를 키우며 아이들의 꿈을 성취하게 하고 내면의 능력을 마음껏 발휘하게 하는 것은 중요하다. 그러면서 또 하나 기억해야 할 것은 자신의 인생이 누군가에게 영향력을 끼칠 수 있고, 선한 영향력으로 사회를 발전시켜 나갈 수 있다는 것을 알게 하는 것이다.

인간은 홀로 살아갈 수 없는 사회적 존재다. 서로가 서로에게 깊은 영향력을 미친다. 어딘가 숨어 살더라도 그 인생의 영향력은 존재하기 마련이다. 시골의 농부라 할지라도 그가 키운 농작물이 다른 이들의 삶에 영향을 미친다. 작은 소도시의 이발사라도 자신의 재주로 누군가의 삶에 기쁨을 선사한다.

자신의 직업을 통해서든, 일상에서든, 수익을 통해서든 이웃에게 베푸는 삶을 사는 것은 삶을 더욱 의미 있고 풍요롭게 한다. 인간은 자기 삶의 의미를 찾는 유일한 존재다. 동물처럼 본능적 욕구를 채우는 것만으로는 만족할 수 없다. 이것을 안다면 부모는 아이들이 어릴 적부터 사람의 행동이 가져오는 영향력과 가치를 가르쳐 주는 것이 필요하다.

---

63) 배민 김봉진 재산 절반 기부-세계 최고 부자 기부클럽 국내 1호 가입, 조선일보, 2021.2.18.

세제를 적게 쓰는 것이 바다를 지키고 생물을 지키는 행동이라는 것, 쓰레기를 만들지 않는 것이 환경을 보호하는 일이라는 것, 내가 하는 작은 서비스를 통해 누군가 행복할 수 있다는 것을 가르치는 것은 의미 있는 일이다. 가진 돈의 일부를 기부하는 것도 좋고, 주변에 어려운 사람을 돕는 것도 가치 있다는 점을 알게 하는 것이다.

우리나라의 경우 아직 기부 문화가 익숙하지 않다.

미국인이 연평균 133만 원을 기부하는 반면 우리나라는 아직 19만 원 정도다.[64] 우리나라의 경제 규모가 전 세계 10위권인데 반해 기부금은 저조한 편이다. 이제 우리나라의 인식도 바뀌어야 할 때가 왔다. 부모들의 인식이 바뀌면 우리나라 국민의식이 올라가리라 믿는다.

유대인들은 "체다카"라는 기부 문화가 있어 어린아이부터 노인까지 민족 전체가 기부에 동참한다. 어린 자녀들에게도 용돈의 십 분의 일은 기부하는 것을 당연한 의무로 가르친다. 돈을 기부하는 것뿐 아니라 실제 아이들과 함께 노숙자들에게 음식을 나눠주거나 기부 물품을 사서 갖다 주는 적극적인 기부 행동을 자녀에게 가르친다. 이것은 인생은 혼자 사는 것이 아니라 사회적 책임을 지고 함께 살아간다는 것을 가르쳐 주는 뜻깊은 전통이다.

우리나라도 이런 기부 문화가 자녀들에게 전수되는 아름다운 전통이 생겨나길 바란다. 각 가정이 아름다운 전통을 세우는 일에 적극적일 수 있다면 작은 섬김의 문화들이 점점 확산될 것이다.

우리 센터에서는 코로나 이전에는 청소년들과 요양원을 방문해 어르신들

---

64) 2010년 기준 기부금 현황, 미상공회의소 발표

과 시간을 보내는 봉사를 하곤 했다. 젊은 아이들이 어깨를 주물러드리고 잠시 말동무를 해드리는 게 전부이지만 조용한 요양원에 젊은 에너지가 퍼지는 잠깐의 시간을 어르신들이 기뻐한다. 무료한 일상의 작은 이벤트로 여긴다. 지금은 코로나 때문에 각자가 처한 곳에서 봉사에 참여한다. 기부받은 옷을 파는 가게에서 봉사한다거나, 지역 아동 센터에서 어려운 가정의 아이들을 가르치거나, 정기적으로 헌혈한다거나, 각자의 역량대로 봉사에 참여한다.

청소년에게는 '희생한다는 어설픈 자부심'으로 일하지 말라고 당부한다. 봉사는 즐겁게 헌신하는 마음으로 하는 것이 좋다. 그래야 하는 사람도, 받는 사람도 부담 없이 행복하다.

희생적 봉사는 어설프게 자부심이 생기거나 누군가 알아주지 않았을 때 서운한 마음이 일어난다. 그래서 봉사는 기쁘게 헌신하는 마음으로 감당할 수 있을 만큼 해야 한다. 과도한 자기희생적 봉사는 결과가 좋지 않게 끝날 수 있기에 조심해야 한다.

'노블레스 오블리주'는 부와 권력은 책임과 의무를 수반한다는 의미이다. 우리의 아이들이 자라서 부유하고 성공한 인생을 살기를 희망하는 것은 부모로서 당연한 일이다. 더불어 성공하고 누리는 만큼 사회적 책임도 져야 한다는 것을 가르쳐야 한다. 이 땅을 사용하며 살아가는 동안 나와 내 자녀가 왔다가는 만큼은 더 나은 곳으로 만들어 놓고 떠나가는 것을 최소한의 인생 목적으로 삼아보는 것은 어떤가?

마음에 오래도록 남는 한 사상가의 시를 소개한다. 카카오 김범수 의장도 이 시를 자주 마음에 새겼고, 기부 결심에도 영향을 줬다고 하니 우리도 마음에 새겨보면 좋을 것 같은 시다.

〈무엇이 성공인가〉

무엇이 성공인가?
자주 그리고 많이 웃는 것
현명한 이에게 존경을 받고
아이들에게서 사랑을 받는 것

정직한 비평가의 찬사를 듣고
친구의 배반을 참아 내는 것

아름다움을 식별할 줄 알며
다른 사람에게서 최선의 것을 발견하는 것

건강한 아이를 낳든
한 떼기의 정원을 가꾸든
사회 환경을 개선하든
자기가 태어나기 전보다
세상을 조금이라도 살기 좋은 곳으로
만들어놓고 떠나는 것

자신이 한때 이곳에 살았음으로 해서

단 한 사람의 인생이라도 행복해지는 것

이것이 진정한 성공이다.

랠프 월도 에머슨

3
실전 독립육아

01

몰입:
내 아이가 성공으로 가는 길

아이의 자기주도 몰입을 지켜보자

아이들은 원래 창의력의 씨앗을 가지고 태어난다. 타고난 학습자이자 몰입인 가능한 존재들이다. 그런데 아이들이 자기주도성을 배워야 할 시기에 부모로부터 끊임없이 "안돼!"라는 말을 들으며 자란다. 아이가 18세가 될 때까지 가정과 사회에서 평균 14만 번 이상 안 된다는 말을 듣고 자란 다고 한다.[65]

독립육아에서 가장 힘주어 말하고 싶은 것은 아이들의 자기주도적 몰입을 지켜봐 주고 격려해주자는 것이다. 한국 엄마들은 아이의 몰입을 지켜보기엔 너무 두려움이 많다.

---

[65] 하버드대학교 발표에 의하면, 아이들은 18세가 되기까지 14만 8천 번의 부정적 암시를 받는 다고 한다. 평생 부정적 틀 안에서 사는 것이다. 정선주, 학력파괴자들, 프롬북스. p.260.

아이들이 어릴 적 걸음마를 시작하고 세상을 탐험하기 시작할 때부터 부모는 아이들의 시도를 지지하고 도전해야 한다. 작은 도전에 대해 지속적인 관심과 격려를 해준다면 아이들의 호기심은 끝없이 발전한다. 도전과 성취가 습관처럼 아이들의 정체성이 된다. 그렇게 무한한 잠재력이 커가는 것이다.

〈학교혁명〉의 저자 켄 로빈슨은 10년 연속 TED 명강연 1위를 기록하고 있는 교육자다. 그는 학교가 "영어와 수학만을 중시하는 게 아니라 아이들이 중요하게 여기는 것을 중요하게 여겨야 한다"라고 말한다. 아이들의 잠재력을 끌어내서 그들의 재능과 자아가 실현될 수 있게 하는 것이 학교 교육이어야 한다고 말한다.[66] 아이들은 자신이 잘하고 관심 있는 분야에 몰입할 힘이 있다. 지지해줄 어른들이 필요한 것이다.

영재발굴단에 나왔던 준규라는 열 살 아이는 로봇 박사다. 만들고 싶은 로봇이 머릿속에 구상이 되면 몇 시간이고 몰입해 만들어 내곤 하는 아이다.[67] 이런 집중력을 보면 일반인들은 놀라곤 하는데 난 일반적인 아이들에게 이런 몰입이 가능하다는 전문가들의 의견에 공감한다.[68] 준규도 이런 몰입을 처음부터 해냈던 건 아니다. 아이가 어릴 적 종이접기에 빠져 지낼 때 아이를 지켜봐 준 엄마가 있었다. 공부해야 한다고 다그치지 않고 아이가 놀이에 몰두하는 것을 묵묵히 지켜보았다. 몰입은 아이 스스로 흥미 있어 하는 것으로부터 비롯된다. 부모가 원하는 학습에서 시작되는 경

---

66) 켄 로빈슨, 루 애로니카, 아이의 미래를 바꾸는 학교혁명, 21세기북스, p.245~250.
67) 로봇 영재 준규의 홈스쿨링이 궁금하다면, 유튜브 education shakers
68) 에릭슨의 심리사회이론, 아이는 시기별 발달과정 중 자발적 도전을 하는 자율성, 주도적으로 탐구하는 주도성, 자기 확신에 근거한 근면성을 키워간다.

우는 극히 드물다. 준규는 한번 종이접기에 몰입하면 시간 가는 줄 모르고 온종일 그 일만 했다. 유명 오리가미스트의 작품들을 따라 접으며 마음껏 놀았다. 나중에 종이접기 책을 낼 정도가 되자 아이의 몰입하는 힘은 점점 다른 흥미로 번져서 로봇공학에 빠지게 되었다. 이 아이의 로봇공학에 대한 지식은 해박하다. 이 아이가 모든 영역에서 뛰어나지는 않다. 또 그럴 필요도 없다. 자신이 즐거워하는 일에 몰입하고 그 성과를 끌어내면 되는 것이다.

공부에만 몰입하길 바라는 부모 때문에 아이는 자기가 뭘 좋아하는지조차 모르고 자란다. 흥미 없는 공부에서 성과가 나기 어려운 아이들은 자신을 무능력하다고 생각한다.

부모가 조금만 눈을 열고 아이의 흥미와 재능이 어디에 있는지 지켜봐준다면 아이들은 자존감에 상처 입지 않고 자기 분야를 찾아낼 것이다.

아이에 대한 신뢰가 더 큰 성공을 가능하게 한다

〈마지막 몰입〉의 저자 짐 퀵은 학교에서 지능이 낮다고 낙인이 찍힌 채 자랐다. 그 시절 아무도 이 아이가 자신을 신뢰할 수 있도록 격려의 말을 해주지 않았다.

그는 잘못 주입된 자신에 대한 부정적 편견을 없애는 데 오랜 시간이 걸렸다. 초등학교 선생님으로부터 '뇌가 고장 난 아이'라는 말을 들었고, 오랫동안 스스로 그렇게 인정해 버렸다. 그 편견은 그가 대학생이 될 때까지 지속되었고 성인이 돼서 그 편견에 맞서고자 마음먹었을 때 비로소 벗어날 수 있었다고 말한다. 그는 그토록 자신을 괴롭혔던 뇌과학 공부에 몰입해 자신에 대한 잘못된 생각에서 스스로 탈출했다. 다행히 그는 현재 미국의 대기업 CEO들을 가르치는 브레인코치가 되었다. 얼마나 많은 사람이 자신에 대한 부정적 인식을 하고 살아가는지 모른다. 사람들이 자신을 신뢰할 수만 있어도 훨씬 성공에 가까워질 것이다.

아이들은 내면에 놀라운 잠재력을 가지고 태어난다. 이것을 인정하고 신뢰와 격려를 해주는 게 독립적 자녀 양육의 첫걸음이다.

아이들은 스스로에 대한 한계를 가지지 않으면 끊임없이 무언가에 호기심을 느끼고 배우고자 한다. 아이들을 진지하게 키워본 부모라면 아이가 어릴 적 끊임없이 책을 가지고 부모에게 읽어달라고 하고, 자연을 탐색하며 질문하기를 즐긴다는 것을 인정할 것이다. 부모가 반응해 주지 않고 무심해지는 때부터 아이도 서서히 배움에 대한 호기심을 잃어간다. 아이들의 관심사에 반응하고 몰입으로 갈 수 있게 지지해주자. 안 그러면 아이들은 화려한 영상물에 몰입하게 된다.

〈부자 아빠 가난한 아빠〉의 저자 로버트 기요사키는 어린 시절 성적이 하위권인 학생이었다. 그에게 학교는 별 의미가 없던 곳이었다. 그는 인지지능보다는 사람을 대하는 대인지능이 뛰어났고 경제적인 성공을 향한 열망이 컸다. 그 능력을 키워나갈 수 있도록 이웃집 친구의 아버지가 도와주었다. 유급을 당했을 때 친부모조차 실망과 분노의 감정을 드러냈지만, 이웃집 아저씨였던 부자 아빠는 아이의 자존감이 흔들리지 않게 잡아줬다.

그 덕에 기요사키는 자신의 성공을 의심하지 않고 자랐다. 아이는 시행착오를 거치며 부자가 되는 법에 몰입했고 경제적 부유에 이르는 법을 배울 수 있었다. 지금은 그 분야에서 탁월하게 다른 이들을 돕고 작가로도 활발하게 활동하고 있다. 한 사람의 잠재적 가능성을 보고 격려와 지원을 해줄 수 있다면 그 사람은 성공적으로 독립할 수 있다.

아이의 가능성을 소중하게 여기고 함부로 말하지 말자. 어른들의 판단하는 눈빛에서 아이들은 자신감을 잃는다. 자기 자신을 향한 믿음이 사라진다. 아이가 어떤 능력을 발휘하게 될지 모른 채 아이의 가능성을 짓밟지 말자.

아이가 아직 자신의 재능을 발견하지 못했다면 "우리 아이는 대기만성형"이라고 생각하자. 아이가 무엇이든지 몰입하려는 모습이 보이면 묵묵히 지켜보며 격려하자.

아이가 자신 내면의 잠재력을 꺼내는 중이고 성공으로 가는 첫걸음을 뗀 것이기 때문이다.

'아이들 내면에 성장 가능성을 가지고 있으며 교육은 더 지식전달에 주력할 게
아니라 인간 잠재력을 발산하게 해야 한다.'

마리아 몬테소리

우리 아이 첫 독립육아

독립육아의 주의점–미디어에 빠지는 것을 주의하라

아이의 몰입을 지켜보라고 하면 부모들은 갑자기 뒤로 물러가 아이들을 내 버려 둔다. 이럴 때 아이들이 가장 손쉽게 몰입하는 것이 미디어다. 어린 시절 핸드폰과 인터넷에 무기한 노출되는 경우 아이들은 뇌 손상과 미디어 중독의 위험에 노출된다. IT 기업의 CEO도 제 자녀에겐 핸드폰을 일찍 주지 않는다. 자녀들이 어린 시절에 몰입과 열정을 쏟아야 할 것이 미디어보다 다른 것이라는 방증이다. 아이가 몰입영역을 관심 분야의 책이나 만들기, 창의적 놀이에서 찾게 하는 것이 좋다. 아이의 관심사가 눈에 보이면 부모는 관련된 새로운 경험을 제시해 주는 것이 좋다. 줄탁동시(啐啄同時)라는 말이 있다. 병아리가 알을 깨고 나와야 건강한 병아리로 성장하는데, 밖에서 어미가 살짝 도와주는 역할을 한다는 의미다. 어미 닭이 알을 깨는 것을 다 도와주면 병아리는 건강을 잃고 죽지만 약간의 자극을 주면 병아리는 스스로 알을 깨고 나온다는 의미다. 아이들의 몰입과 독립적 양육을 위해 부모가 기억해야 할 태도다. 자녀가 처음부터 몰입과 독립이 가능하지 않으니 슬쩍 거들어 주라는 말이다. 자녀 스스로 주도권을 가지는 것을 지지하되 좋은 코치 역할을 해주라는 것이다.

02

회복탄력성 기르는 법

자녀의 회복탄력성을 원한다면 긍정마인드를 훈련하자

자녀를 독립적으로 키워가기 원하는 부모라면 자녀가 어떤 어려움이 와도 다시 일어서는 회복탄력성이 강하길 바라게 된다.

1950년대 가장 가난했던 하와이 카우아이섬에서는 태어난 850명의 신생아를 대상으로 그들이 성인이 될 때까지 40년 이상을 추적 조사하는 연구를 벌였다. 성장 과정에서 건강 및 가정, 사회 경제적 여건상 여러 악조건에 노출되었음에도 그중 72명은 일반적인 환경의 아이들보다 더 훌륭하게 자랐다. 그들은 공통적으로 고난에 대처하는 능력이 뛰어났다. 즉 회복 탄력성이 높았다는 것이다. 이 연구를 주도했던 에이미 워너 교수에 따르면 어린 시절 부모나 가족의 헌신적 사랑과 신뢰를 받고 자란 사람의 경우에 회복탄력성이 높았다고 한다.[69] 물론 어른이 된 이후에도 자신의 노력과 훈련을 통해 이런 능력을 키울 수 있지만, 자녀가 잘 자라길 원하는 부모라면 자녀를 사랑과 신뢰의 마음으로 키우려는 의지가 있어야 한다.

회복탄력성이 높은 사람들은 대체로 자기조절 능력, 대인관계 능력(사회성), 긍정성이 타인에 비해 뛰어났다. 이러한 능력은 리더의 위치에 설 수 있게 만드는 요소들이다.

그렇다면 회복탄력성은 어떻게 길러질까?

가장 근본적인 방법은 긍정적인 마인드를 훈련하는 것이다. 긍정성을 키우는 것은 자기조절능력과 대인관계 능력에 영향을 준다. 그래서 다른 능력을 함께 끌어올리기 위해 근본적으로 해야 할 방법이라고 전문가들은 말한다.[70] 습관적으로 긍정성을 훈련해 놓으면 뇌가 긍정적으로 가동돼서 어려운 상황이 와도 강한 탄력성을 발휘해 불행의 늪으로 내려가지 않게 한다는 것이다.

긍정마인드를 훈련하기 위해 가장 먼저 손쉽게 할 수 있는 방법으로 많은 전문가는 감사일기 쓰기를 제안한다.

나와 아이들도 감사일기를 통해 습관적인 생각패턴을 긍정적으로 바꿀 수 있었다. 우리 센터의 엄마들에게도 감사일기를 쓰게 하면서 긍정적인 회복 이야기를 많이 들을 수 있게 되었다. 자녀를 바라보는 관점이 긍정적으로 바뀌고 가정에 웃음이 늘어났다는 이야기는 감사훈련을 한 부모님

69) 한경포럼 회복탄력성과 뒤센의 미소, 고두현, 한국경제, 2014. 5. 28 RESILIENCE AND RECOVERY:INDINGS FROM THE KAUAI LONGITUDINAL STUDY, FOCAL POiNT Research, Policy, and Practice in Children's Mental Health Summer 2005, Vol. 19 No. 1, pages 11-14
70) 김주환, 회복탄력성, 위즈덤하우스

들의 공통점이었다.

감사는 감사를 비판은 비판을 부른다

감사에 관한 더 큰 동기부여를 위해 최근의 관련 연구결과들을 나눈다.

세상의 모든 생물과 무생물은 자기 고유의 파동이 있다. 지구도 1분에 7.5번 진동하며 파동을 드러낸다.

사람도 제각각 다른 파동을 낸다. 특히나 각 사람이 가진 감정 상태에 따라 다른 파동을 나타내는데 긍정적 감사의 파동은 특별하고 강력하다. 감사의 감정 상태에 있는 사람은 뇌파와 심장박동에 동조 현상이 나타나 규칙적으로 진동하게 되고 몸 전체에 안정감을 준다. 반면 부정적 감정인 분노나 두려움, 수치심 같은 감정을 내면에 가지고 있을 때는 심장박동수도 불규칙하고, 뇌파도 불규칙해져서 몸에 불균형이 오게 된다. 놀라운 것은 우리의 내면 감정상태에 따른 파동은 인간관계에도 영향을 미친다는 것이다.[71]

'호의가 호의를 부른다'라는 말이나 '주는 대로 받게 된다'라는 황금률도 현대 과학의 입장에서 본다면 지극히 합리적인 말이다. 같은 파동을 내는 사람들은 서로 동조 현상을 일으키고 같은 감정 상태를 서로 전이하고 강화시킨다.

누군가 감사의 마음을 계속 품게 되면 그러한 긍정성을 가진 사람들이

---

71) 뇔르c. 넬슨, 르메어 칼라바, 소망을 이루어주는 감사의 힘, 한문화출판.

우리 아이 첫 독립육아

주변에 모이게 된다. 그가 가진 감사의 파동이 그런 사람들을 끌어들이기 때문이다. 이런 태도를 보인 사람이 열정적으로 무언가에 몰입할 수 있다면 그는 성공과 훨씬 가까워질 수밖에 없다.

감사습관은 긍정마인드를 훈련하기에 가장 좋은 방법이다.

부모가 먼저 감사 태도를 가지면 자연스레 아이에게도 전이된다. 우리의 뇌는 귀로 듣는 것보다 보고 느낀 것을 빨리 수용한다. 옛말에 아이는 부모의 뒷모습을 보고 큰다는 말이 있다. 부모가 먼저 진심으로 감사하는 모습을 자주 보여주자.

아이의 존재부터 감사하자

가장 먼저 할 감사는 아이를 향한 존재적 감사다. 아이의 존재를 향한 조건 없는 감사는 안정감과 흔들림 없는 자존감을 형성하게 된다.

"네가 엄마 딸(아들)이라서 감사하다"

"네가 엄마 아빠에게 와줘서 고마워"

"네가 곁에 있어서 기뻐"

"넌 참 소중한 아이야"

이런 존재적 감사를 자주 아이에게 해줘 보자. 아이는 자신을 소중하게 생각할 것이다. 자기의 삶에 대해서도 의미를 찾아가게 될 것이다.

오늘날 삶의 형태는 다양하고 복잡해졌지만, 사람의 겪는 존재적 의문과 자존감 문제는 더 크게 대두되고 있다. 자녀가 우리 가족에 온 정말 가치 있는 존재라는 사실을 항상 알려주자. 단 한 사람이라도 그렇게 사랑하고 인정하는 존재가 있다면 아이들은 회복탄력성이 높은 존재로 독립해 갈 수 있다.

존재에 대한 감사를 표현했다면 상황과 사람과 일들에 대한 감사로 계속 확장해보자.

감사는 감사를 부른다. 우리가 마음으로 갖는 진실한 감사는 좋은 파동으로 주변에 전달된다. 습관처럼 감사하고 긍정적인 면을 찾으려고 항상 노력하자.

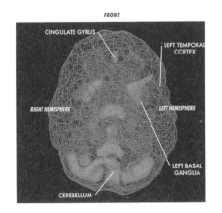 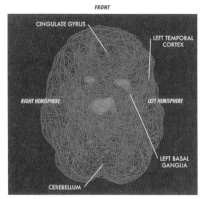

뇌 혈류량의 차이를 보여주는 방사선 단층 촬영한 사진
(왼쪽:감사 감정의 뇌/오른쪽:부정적 감정의 뇌)

실패는 필요한 과정이고 경험이다

회복탄력성에서 중요한 또 한 가지는 실패를 대하는 태도다.

아이들의 실패나 실수를 용납해 주고 함께 해결책을 찾는 부모의 태도가 아이의 회복탄력성을 높인다. 낡은 옛 사고방식으로 지적하고 죄책감을 주는 것보다 해결책에 집중하는 것이 자녀를 독립적으로 키워가는 이 시대의 교육방법이다.

실리콘밸리에서는 '페일콘(FailCon)'행사를 열어 실패경험을 공유한다. 창업가와 투자자, 개발자, 디자이너 등이 모여 성공하지 못한 원인을 찾고 실수를 반복하지 않기 위해 토론을 벌인다. 우버 공동창업자 트래비스 칼라닉, 공유숙박 플랫폼 에어비앤비 공동창업자 조 게비아 등 쟁쟁한 기업의 수장들이 자신들의 실패경험을 나누기도 한다.[72] 미국은 실패를 하나의 경험으로 인식하고 대중에게 오픈한다는 점이 한국의 분위기와는 사뭇 다르다.

핀란드는 매해 10월 13일이 되면 '실패의 날' 행사를 연다. 실패가 부끄러운 일이 아니고 극복 가능한 일이고, 새로운 걸 배우는 기회라고 교육하는 행사들이다.

일본은 실패학이 하나의 학문으로 자리를 잡았다. 국제실패학회라는 곳도 있고 정부, 기업, 개인의 실패 원인을 살피고 그 경험으로부터 얻는 교훈을 연구한다.[73]

우리나라도 4년째 실패박람회를 열어 많은 방문객의 호응을 얻고 있다.[74] 시대가 바뀌고 있다. 실패는 더 이상 부끄러운 게 아니다. 그 일을 딛고 일어서는 게 중요한 거다. 아이들이 완벽하기만을 바란다면 아이들은

72) 실패를 넘어 성공한 기업들, 위기를 기회로 삼는 신경영전략, 매경이코노미, 2019.7.19
73) 실패를 넘어 성공한 기업들, 위기를 기회로 삼는 신경영전략, 매경이코노미, 2019.7.19
74) 2021 실패박람회 https://www.failexpo.com/failexpo

강박적이 될 거고, 눈앞의 일밖에 보지 못하게 된다. 인생은 장기전이다. 멀리 바라볼 수 있도록 작은 실수를 인정하고 실패를 보듬을 수 있어야 한다.

실패를 또 하나의 배움의 기회로 보는 열린 시각이 필요하다.

감사는 무기력과 절망에 희생양이 되지 않도록 가능성에 눈을 돌리게 한다.

놀르 C. 넬슨

우리 아이 첫 독립육아

03

내 아이가 가진
지능으로 승부하기

일반적으로 IQ는 학교에서 사용하는 정량화 된 측정 도구다. 지적 능력을 기준으로 한 줄로 정렬시킬 수 있다. 그러나 IQ만 가지고 아이들의 능력을 모두 측정할 수는 없다. 대부분 학교에서는 똑같이 배우고 같은 방식으로 평가받는다. 이러다 보니 학교는 언어지능, 논리 수학 지능이 강한 사람에게 유리하고 다른 능력을 가진 아이들에게는 불리하다. 현대에 와서는 아이들의 능력을 다양한 관점에서 이해하고 측정하는 방법이 나와 있다.[75] 아이들의 능력을 지적인 측면에서만 한정시켜 바라보던 시대는 지났다. 다차원적 접근법으로 아이들을 바라보고 격려하고 지원하는 시대가 온 것이다. 자녀가 지닌 지능 유형을 이해하고 인정해주는 부모가 되자. 그 분야에서 아이가 잠재력을 발현할 가능성이 가장 크다.

75) 하워드 가드너, 다중지능, 웅진지식하우스.

1. 언어 지능: 말하는 것을 즐기고 어휘 사용 능력이 뛰어나다. 글짓기나 시 쓰기도 즐긴다. 은유적 표현이 능숙하고 복잡한 문서도 잘 해석해 낸다.

2. 논리-수학적 지능; 논리적이고 추리가 뛰어나다. 추상적인 것을 이해하고 과학적 분석력이 뛰어나다. 수학적 계산 능력도 뛰어나다. 흔히 머리 좋은 아이다.

3. 공간 지능: 특유의 공간 능력을 보여준다. 이미지를 떠올려 시각화하는 능력이 뛰어나고 머릿속에서 사물을 돌리고 움직일 수 있다. 건축가나 공간 학자들에게 많이 나타난다. 물리적 아름다움과 조화를 중시한다. 대표적 인물로는 로댕이나 피카소.

4. 신체-운동적 지능: 신체적 능력이 뛰어나 유연하게 움직이고 몸을 움직이는 것을 좋아한다. 손재주도 좋아 기계를 조립하거나 분해하는 것도 잘하고 공작도 잘하고 운동도 쉽게 익힌다. 운동, 무용 등에 재능을 나타낸다.

5. 음악 지능: 음을 기억하고 악기 연주법을 빨리 배울 수 있는 능력이다. 이미 내재된 능력이 뛰어나 환경이 마련되면 능력이 폭발적으로 증가한다. 리듬, 억양에 민감하다.

6. 개인 내 지능(자기성찰 지능): 자기감정을 구별하는 능력, 직관적이고 자기 행동을 분석하고 이해하고 약점과 강점을 알고 개개인의 독특함을 잘 인지할 수 있다. 철학자나 신학자, 작가들에게서 나타나는 성향이다.

7. 자연주의적 지능: 동물·식물을 관찰하길 즐기고 차이를 잘 찾아낸

다. 자연과 교감하길 즐기고 동물을 키우는 것을 즐긴다. 동식물 학자나 과학자, 자연보호 활동가 등의 직업에 종사할 수 있다.

8. 대인관계 지능:친화적 성격을 가졌고, 외향적이며 다른 사람의 성격, 기분, 감정에 민감하다. 다른 사람과 의사소통 능력이 뛰어나며 공감을 잘하며 토론과 논쟁을 즐긴다.

위와 같은 다양한 지능을 이해하고 나면 학교성적이 좋은 아이만이 성공할 것이라는 생각에서 벗어날 수 있다. 우리 아이가 가진 지능에 맞게 동기부여와 자극, 몰입하기를 허락해 준다면 그 분야를 통해 성공적인 독립이 가능하다.

〈부자 아빠의 자녀교육법〉에서 기요사키는 어린 시절 낙제로 유급을 할 뻔한 아이였고 공부에는 영 흥미가 없었다고 고백한다. 아버지가 하와이 교육감이었는데도 말이다. 아들이 언어-수리능력이 부족하다는 것을 안 아버지는 아들이 흥미 있어 하는 경제를 배우도록 옆집 아빠에게 보낸다. 로버트는 그 부자 아빠와의 만남으로 인생의 큰 전환점을 맞이한다. 로버트는 그의 책에서 아이들의 다양한 지능에 대해 이야기를 하며 아이마다 독특한 영역의 장점이 있다고 말한다.[76] 그것을 일깨워 성공에 이르게 해야 한다고 한다. 그도 다중지능에 대한 이해를 하고 있었다. 공부를 못한다고 성공하지 못하는 게 아니다. 그는 오히려 공부만 하는 부류의 사람들은 직장인 이상으로 살기가 어렵고 큰 부자가 되기 어렵다는 말을 한다.

76) 로버트 기요사키, 부자 아빠의 자녀교육법, 황금가지.

순응형 인물들이 도전정신이나 창의성이 떨어지는 것을 지적한 것이다.[77]

아이들은 공부를 통해서 보다는 오감을 통해 더 큰 자극을 받는다. 직접 해 보고 만져보고 냄새 맡아보고 맛볼 때 자신이 무엇을 좋아하는지, 잘하는지 알 수 있다. 아무런 자극이 없는 아이들은 자신이 무엇을 잘하고 못하는지 알 길이 없다. 어린 시절 부단히 아이의 놀이 욕구를 충족시켜주자. 아이가 흥미를 보이는 일들을 선택하고 시도해 볼 수 있도록 하는 것이다. 어른이 보기엔 노는 것처럼 보이지만 아이의 성장과 발전엔 중요한 일들이다.

아이는 그런 놀이와 흥밋거리들을 통해 자신감과 행복을 느끼고 성취감을 얻는다. 몬테소리 교육이나 발도르프 교육이 아이들의 오감을 자극하고 직접 만들고 경험하게 하는 것도 이런 맥락에서다. 오늘날의 미국 대기업의 CEO 중 몬테소리 출신이 많은 것은 스스로 뭔가 만들어보고 성취했던 경험이 있었다는 점에서 시사하는 바가 있다.

아이들은 자신이 가지고 태어나는 독특한 지능 영역이 있다. 어려서부터 그 영역이 무엇인지 드러날 수 있도록 자극을 제공해줄 수 있다면 일찍 자기 분야를 찾을 수 있다.

모든 자극은 즐겁고 행복하게 경험할 수 있어야 좋다.

어려서 언어 능력이 뛰어났던 아이를 부모가 과도한 욕심으로 영어학원 영재반에 집어넣었다가 영어를 거부하는 사태도 보았다. 모든 자극은

---

77) 로버트 기요사키, 왜 A 학생은 왜 C 학생 밑에서 일하게 되는가 그리고 왜 B학생은 공무원이 되는가, 민음인.

즐거움과 자연스러움 가운데 진행되어야 한다. 음악적인 재능이 있다면 악기를 접해 보게 하고, 운동능력이 있다면 흥미 있어 하는 운동을 시켜보자. 아이들은 자신이 흥미 있어 하는 일에는 열정을 보인다. 흥미도 없는 것에 억지로 참여하다 보면 아이는 불행의 감정에 익숙해지고 나중엔 무기력해진다.

타고나는 기질은 부모가 아무리 잔소리를 하고 고함을 질러도 잘 바뀌지 않는다. 아이를 있는 그대로 인정하고 수용해 주자. 무엇에 흥미를 보이든 지지해 주자. 아이가 그 아이만의 인생을 도전적이고 독립적으로 살아갈 수 있도록 말이다.

아이들이 잘하는 것에 귀를 기울여라.

켄 로빈슨, 〈학교혁명〉 저자

04

독서,
아이의 자기 결정권 존중하기

자기주도 독서, 독립의 지름길

독서는 아이가 어느 분야에 관심이 있든지 유용한 자극제다. 교과서는 기본적이고 평균적인 지식밖에 담아낼 수 없지만, 독서는 폭넓은 분야의 지식을 흡수할 수 있는 유용한 통로다. 아이가 스스로 독서에 몰입할 수 있게 된다면 아이의 흥미나 재능을 찾기가 한결 쉬워진다. 학교 교과도 좀 더 광범위한 접근으로 풍성하게 공부할 수 있다. 우리가 아는 많은 유명한 성공자들은 독서광인 경우가 많다.

흔히들 부모들은 아이에게 독서를 훈련하려고 다양한 분야의 책을 아이에게 보여준다. 수학 동화, 과학 동화, 전래동화, 명작 동화 등으로 거실 벽면을 가득 채운다. 이런 방법이 어떤 아이에게 적합한 경우도 있지만 어떤 아이에게는 독서에 아예 흥미를 잃게 하는 경우도 있다. 이럴 때 부모는 조급해하지 말고 아이의 흥미를 따라 도서를 제시해 주는 것이 좋다.

부모가 임의로 이 책 저 책 제시하기보다 아이가 흥미를 느끼고 있는 분야의 책을 먼저 읽을 수 있도록 자녀의 선택을 존중하는 것이다. 책 읽기도 아이의 마음을 읽을 수 있어야 적절히 제공할 수 있다. 아이 주도적으로 독서가 이루어져야 지속해서 독서를 해나갈 수 있는 것이다.

아이의 흥미를 따라간 엄마들

에디슨은 어린 시절 독서를 좋아하는 튀는 아이였다. 당시는 미국 공교육 초기로 암기 중심의 엄격한 학교였고, 에디슨은 엉뚱하고 호기심 많은 아이였다. 그런 아이를 부정적으로 보는 교사의 매몰찬 태도에 엄마 낸시는 에디슨을 집으로 데려와 홈스쿨링을 시작했다. 낸시는 교과서가 아니라 책으로 아이를 교육했다. 아이가 흥미를 보이는 분야의 책으로 관심을 유도하자 에디슨은 9살에 셰익스피어와 디킨스의 고전을 읽을 정도로 독서광이 되었다. 그 후 그의 관심은 과학으로 옮겨갔고 엄마 낸시가 물리학 서적을 구해주자 에디슨은 책에 나온 물리실험을 다 시도해 보았다. 나중에 화학책도 섭렵하기 시작했고 낸시는 돈을 모아 아들의 화학책과 실험 도구들을 사줬다. 에디슨의 책 사랑은 그 후로도 지속되었고, 디트로이트 도서관의 첫 회원이 되기도 하였다. 에디슨의 창조성과 실험 정신은 독서와 실험을 통해 자기주도적으로 이뤄진 독특한 교육 덕분이었다.[78] 아이의 흥미를 따라가다 보면 답이 보인다. 당신의 아이도 그렇다.

78) 케리 맥도날드, 피터 그레이, Gen Z 100년 교육, 언스쿨링이 온다, 박영스토리, p.89.

리처드 로버츠는 영국 출신 생물화학자이자 1993년 노벨 생리 의학상을 받은 인물이다. 그는 '타고난 유전자 판독가'라는 명성을 얻은 학자다. 그는 공부는 흥미가 있어야 한다고 말하는 사람이다. 그는 어린 시절부터 자신의 흥미 분야였던 화학 분야의 책 읽기를 즐겼다. 엄마가 리처드의 눈높이에 맞는 흥밋거리 도서를 제공해주었고 아이는 점점 자신이 좋아하는 분야를 찾아 몰입하게 되었다. 그 후 엄마가 자신의 공부에 관여하지 않았어도 스스로 독서와 실험에 몰두했다고 한다.[79]

흥미가 시작되면 공부는 자연스레 이루어진다. 흥미가 있으면 공부 스트레스는 자연스레 사라진다. 강렬한 흥미를 느끼면 아이는 자발적으로 공부하고 질문하고 꿈을 품게 된다.

아이의 흥미를 묵살하지 말자. 그것은 아이의 미래를 묵살하는 것과 같다. 더구나 학창 시절의 흥미나 취미는 평생의 진로에도 영향을 준다. 고 3이 되어서도 자신이 무엇에 관심이 있는지, 어떤 진로를 설정해야 하는지 알지 못하는 아이들을 주변에서 쉽게 볼 수 있다. 원인이 무엇일까?

아이들이 흥미를 느끼는 것을 무시한 채 교과 공부와 입시에만 집중하게 하는 부모들과 사회 분위기 때문이다.

모토무라 큐이치(일본 아동교육선구자)는 "천재는 강렬한 흥미에 매혹당한 사람"이라고 말했다. 흥미를 느끼는 공부는 잠재력과 열정을 발휘하게 하고 창조를 가능하게 한다. 흥미는 새로운 것을 창조하는 최고의 힘이다. 아이들이 흥미를 느끼는 분야의 책을 읽고 탐구할 수 있도록 하는 것이

---

79) 탄샤오위에, 노벨상 수상자 36인의 학습법, 문학수첩 리틀북스.

부모가 해줘야 할 기본적인 일이라 생각한다. 아이의 행복과 미래의 성공을 원한다면 아이의 흥미를 소중히 여기며 관련한 책을 선물해 보자.

유대인의 독서 교육

독서 교육을 말할 때 빼놓을 수 없는 것이 유대인이다.

그들은 성취를 위해 공부하지 않고 성장을 위해 공부한다고 말하는 민족이다. 죽는 날까지 배우기를 멈추지 않는 사람들이다. 그러기에 책과 가까운 민족이다. 그들의 격언에 '돈을 빌려주는 것은 거절해도 좋지만, 책을 빌려주는 것은 거절하지 말라'는 말이 있다. 민족 전체가 책과 가깝고 책을 사랑한다. 그들의 방대한 독서량 때문에 그들의 지식 정보력이나 통합적 판단력은 다른 민족과는 비교가 되지 않는다. 그들은 전 세계 노벨상의 25~30% 가량을 차지한다. 모두 책과 친한 민족적 특성 때문이고 평생 배우는 것을 소명으로 알고 있기에 가능한 일이다. 유대인 가정 거실에는 TV가 없는 경우가 많다. 대신 책장을 놓고 책을 읽고 토론하는 문화에 익숙하다. 책을 읽고 토론하는 문화는 전 세계 흩어진 유대인의 특징이다. 2천 년 이상 흩어져 나라 없이 살았어도 그들의 정체성을 지킬 수 있었던 이유도 그들만의 신앙의 책 탈무드와 독서 토론 문화인 하브루타가 있었기에 가능했다.

홈스쿨링을 하며 한참 유대인 교육에 빠져 있을 때 그들의 교육의 방대함과 깊이에 놀라움을 금할 수가 없었다. 나라 없는 민족이 타국에서 살아남기 위해 공부하고 처세술을 익혀 자손에게 가르치고 정체성을 지키기 위해 몸부림쳤던 그들의 역사를 보며 깊은 감명을 받았다.

수천 년간 짓밟히는 고난의 시간이 흘렀어도 여전히 그들은 세계에 자신의 존재를 알리고 있다. 그 중심에 끊임없이 배우고자 하는 태도와 독서력이 있다.

독서가 가정 문화가 되게 하기

아이들에게 한가지 물려줄 가정 문화가 있다면 그것이 독서였으면 좋겠다. 우리나라의 독서량은 연간 7.5권으로 OECD 국가 평균에 미치지 못한다.[80] 배우지 않으면 시대를 읽어낼 수 없고 살아낼 수 없다. 주입식 교육에 익숙한 한국의 아이들은 학교를 졸업하면 공부와는 담을 쌓고 사는 경우가 많다. 배우기를 멈추지 않는 유대인들처럼 우리도 아이들에게 교과서의 텍스트가 아니라 책을 가까이하게 하자. 이것이 가정 문화가 되게 한다면 우리 아이들의 장래에 가장 큰 유산을 물려주는 것이라 믿는다.

미국 전 대통령 오바마 부부도 두 자녀교육에 힘을 쏟았는데 특별히 독서습관을 기르기 위해 노력했다고 한다. 취침시간 교육을 하는 와중에도 책을 읽는 경우는 예외를 두었다고 한다. 늦게까지 책을 읽어도 허용해 줌으로 책 읽기가 좋은 습관이 되도록 도왔다.[81]

아이들이 주도적으로 선택한 책들을 읽어나가는 것을 격려하고 독서가 더 깊이 있게 발전하도록 돕는 부모가 되자. 이것이 아이들을 교과 공부에 몰아붙이는 것보다 효과적인 미래 투자라고 확신한다.

---

80) 한국성인 평균 독서량 연간 7.5권, 매일경제, 2020.3.11.
81) 로널드 F 퍼거슨, 타샤 로버트슨, 하버드 부모들은 어떻게 키웠을까, 웅진지식하우스.

우리 아이 첫 독립육아

05

이중언어,
아이의 글로벌 품격을 높여라

이중언어, 아이에게 갖춰야 할 기본 품격

우리나라와 같이 단일 민족이면 다문화적인 경험을 하기는 쉽지 않은 환경이다. 근래 외국인들의 유입이 많아지고 결혼도 빈번해 지면서 이중언어 사용하는 아이들을 심심치 않게 만나볼 수 있는 환경이 되었다. 유럽의 경우는 이중언어를 사용하는 비율이 전체 인구의 50%에 해당할 만큼 많고 사용하는 언어도 영어, 독일어, 프랑스어, 이탈리아어 등 다양하다.[82] 이런 시대를 살아가는 사람으로 모국어 이외에 언어 한 가지를 더 이해하고 배우는 것은 다른 문화를 이해하고 소통하는 데 크게 유익하다.

어떤 이들은 번역기의 발달로 이중언어의 필요성이 없을 거라 말하기도 한다. 정작 구글 번역 전문가가 강연장에서 외국어 공부가 불필요할 만

---

82) 글로벌시대엔 이중언어가 트랜드, 굿모닝 충청, 2013.1.3.

큼 번역 기술이 발달했다고 강연하고 나선 자기 자녀에겐 "언어는 문화니까 학교에 가서 중국어 공부 열심히 하라"고 말했다는 일화는 유명하다.

또한, 외국어 교육은 하나의 언어를 아는 것에 그치는 것이 아니다. 국제적 감각을 익히고 그 나라의 문화를 익혀서 자녀의 인간관계 범위를 넓혀주는 역할을 한다. 언어 능력이 있는 사람은 세계로 출퇴근이 가능한 시대다. 국제감각과 인간적 관계를 쌓는 일은 번역기가 할 수 없는 일이다.

〈아비투스〉의 저자 도리스 메르틴은 이중언어는 사람의 품격을 격상시키기 위해 배우는 문화적 자본에 해당한다고 말한다. 성공한 문화자본을 가진 사람들은 세계를 집으로, 자신의 나라를 고향으로 여긴다는 것이다.[83] 리더의 부모는 한 수 앞을 보며 이중언어를 준비시킨다. 단순히 기본적인 의사소통만을 위해 언어 하나를 배운다고 여기지 말아야 한다. 자녀가 관계의 범위를 전 세계적으로 넓히고 다양성을 이해하고 문화적 소통이 가능하게 교육하라는 것이다.

즐겁게 자연스럽게 언어 공부하기

영어의 경우는 국제 공용어이기 때문에 아이들이 어릴 적부터 자연스레 배울 수 있는 환경을 제공하면 좋다. 이른 나이에 학원을 돌며 배우는 영어 교습이 아니라 자연스럽고 재밌게 배울 방법들을 찾아보는 것이 좋다. 그래야 거부감이 적고 문화적인 것도 쉽게 받아들일 수 있기 때문이다.

---

83) 도리스 메르틴, 아비투스, 다산북스.

요즘 젊은 엄마들이 자연스레 동화책을 들려주며 자녀에게 영어를 가르치는 경우가 많다. 즐거운 학습은 아이들이 놀이로 인지하기 때문에 정서적 무리 없이 배울 수 있다. 우리 집 아이들도 어려서부터 영어 동화책을 끼고, 영화를 보며 즐기듯 영어를 배워서 영어에 대한 거부감이 없다. 외국인과 소통하는 데 무리가 없고 무엇보다 문화를 이해하며 소통하는 장점이 있다.

많은 한국 아이들이 영어는 배우지만 외국인 앞에 서면 당황하거나 소통하기가 쉽지 않은 것을 본다. 자연스레 영어권 문화를 이해하며 언어를 배운 아이들은 외국어를 사용하는 게 목적이 아니라 소통을 목적으로 한다. 영어 표현이 미숙하더라도 그들을 이해하고 소통을 목적으로 하면 훨씬 풍성하게 교류하고 상대를 이해할 수 있다.

근래에 와서 영어 외에도 중국어나 제3의 언어를 배우려는 사람들도 있는데 비즈니스 측면에서 도움이 된다는 이유에서다. 어떤 이유로든 모국어 이외에 언어를 배우는 것은 삶을 살아가는 데 많은 유익이 있다. 아이에게 외국어를 가르칠 때는 항상 무리하지 않는 범위 내에서 즐겁게 가르치는 것을 원칙으로 해야 부작용이 적다. 어느 정도가 무리하지 않는 것이나에 대한 질문도 자녀마다 개인차가 있으므로 정형적으로 답할 수는 없다. 어떤 아이는 하루 영어 동화책이나 영상을 두 시간 보여줘도 괜찮은데 어떤 아이는 그 정도 보여 준 후 미디어 중독 증세나 외국어 거부반응을 보이기도 하니 말이다.

유의할 점은 너무 어린 시기에 모국어도 안전하게 형성되기 전에 이중

언어를 훈련시키는 일은 부작용을 낳는 사례들이 보고되고 있어서 부모의 세심한 주의가 요구된다.

외국어는 놀이처럼 즐겁게, 사용하는 사람들의 문화도 함께 익히며 배우기를 추천한다.

어떤 이들은 이중언어 구사에 큰 의미를 두지 않는다.
그러나 어떤 이들은 국제감각을 익히기 위한 문화자본으로 언어를 익힌다.

도리스 메르틴, 〈아비투스〉 저자

미래 국가경쟁력:
인문학을 품은 수학 공부 법

인문학을 품은 수학

수학하면 머리 아프다고 여기는 사람이 많다. 그도 그럴 것이 수학하면 수많은 복잡한 공식을 암기해서 숫자를 대입해 풀게 했던 한국의 수학 교육 때문이기도 하다.

2019년 국제교육성취도평가협회(IAEA)가 발표한 보고서에 따르면 한국의 수학 능력은 전 세계 3위이지만 수학에 대한 흥미도는 현저히 떨어지는 것으로 조사됐다.[84] 예전과 같이 현재도 암기와 문제 풀이 위주의 수학 교육을 하고 있기 때문이다.

〈수포자는 어떻게 만들어지는가?〉의 폴 록하드는 '메마른 암기와 문제 풀이법 따위가 환상적인 모험의 수학을 쪼그라 뜨려 놓았다'라고 말한다.

---

84) "수학 역량이 국가경쟁력 강화의 핵심 자원", sciencetimes, 2021.5.28.

교사들은 내신 성적과 입시의 비중이 크고 시간적인 여유가 없으니 이런 식으로 수학을 가르칠 수밖에 없다고 말한다. 결국, 수학이 입시를 위해 필요한 학문으로 전락한다.

실제 수학은 대학 입학을 위해 필요한 게 아니라 실용적인 삶과 생존을 위해 필요한 학문이다. 4차산업혁명시대 새로 생길 200만 개의 직업 중 수학과 관련된 직업이 41만 개에 달한다. 미래 유망 직종 TOP 10중 6개 직업이 수학과 관련된 직업이다. 수학이 미래 일자리를 창출하는 시대가 온 것이다.[85] 수학 능력은 국가경쟁력이 되었다. 최첨단 산업 기술력의 기반도 수학이다.

2021년 5월' 미래 과학기술 인재 양성을 위한 포럼'에서 과학기술정보통신부가 발표하기를 "과학기술 및 사회 혁신의 근간이 수학이므로, 미래 사회 선도 및 국가경쟁력 강화를 위해 수학 역량이 중요하다"라고 밝혔다.[86]

공준진 대한전자공학회장은 '인공지능이나 5G 통신 등은 모두가 수학적인 개념 및 지식이 집대성된 종합 응용 시스템'이라고 정의했다. 최근의 이공계 대학 신입생들이 수학 역량이 부족하여, 대학 공학 교육을 따라가지 못하고 있고, 졸업생들조차도 문제 해결력이 부족해 교육 개선 및 강화가 시급한 상황"이라고 지적했다.[87] 중고등학생 시기에 수학과 물리학은 물론 인문학 중심의 교육을 강화하는 것이 수학 역량 강화에 바람직하다고도 말했다. 수학은 이해의 학문이고 철학과 인문학이 바탕이 된 학문이다. 그

85) 양환주, 정철희, 말하는 수학, 글로세움. p.41.
86) 미래 사회를 선도할 창의인재 양성을 위한 '수학' 역량 강화 지원방안 모색, 과학기술정보통신부 미래인재정책국 미래인재 양성과, 2021.5.27.
87) "수학 역량이 국가경쟁력 강화의 핵심 자원", sciencetimes, 2021.5.28

우리 아이 첫 독립육아

래서 수학 교육 전문가들은 생각하고 사고하는 힘에 대해 강조하고 있다.

원래 수학은 철학자들의 학문이다. 자연 속에 깃든 비밀을 알아내고자 수학을 이용했다. 고대 바벨로니아와 이집트인들은 농사를 짓기 위해 계절의 변화와 날씨를 정확히 예측하는 것이 필요했다. 그래서 천문학이 발달했고 수학을 통해 시간과 날씨의 비밀을 알아내게 되었다. 고대 그리스의 피타고라스학파는 자연현상의 의미를 알아내고자 도형과 비례식을 중요하게 다뤘다.

수학은 예나 지금이나 실생활과 밀접하게 연관되어 있다. 신약개발도 자연에서 힌트를 발견해 내기 위해 연구팀들이 아마존 밀림에서 시간을 보낸다. 의료기기나, 초음파, CT, 인공지능 등 최첨단 기계장치들도 수학이 기반이 된다.

자연의 생성과 소멸, 삶과 죽음에 대한 비밀을 알아내어 인간의 유익을 위해 활용하는 사람들이 수학자들이다. 그래서 수학자들은 철학자들이었고 동시에 엔지니어들이었다. 아르키메데스도, 뉴턴도, 라이프니츠도, 레오나르도 다빈치도 수학자이면서 물리학자, 엔지니어들이었다. 그들은 수학을 이해하는 차원을 넘어 실생활에 적용하여 필요한 무언가를 만들어 내었다.

수학자 데이비드 안(David Ann) 박사는 수학은 자연의 비밀을 알아내는 학문으로, 바람직한 수학 교육은 자연의 비밀을 알아내서 활용하는 일련의 연습 과정이어야 한다고 말한다.[88]

---

88) David Ann, General Mathematics Elementary Courses, p.30.

우리가 아이들에게 수학을 가르칠 때도 원리를 이해하게 하고 토론하며 실생활에 적용할 수 있도록 가르쳐야 진정한 의미의 수학 교육인 것이다. 그럴 때 아이들은 수학의 실질적인 활용도를 인식하게 되고 필요한 과목이라는 확신이 들게 된다. 이러한 과정을 통해 수학 본연의 사고력과 상상력을 발휘할 수 있다. 그러한 과정을 통해 수학 과목에서 창의력을 키우고 학습 열정을 불러일으킬 수 있다.

토론식 수업의 유용성

숙명여대 조벽 교수는 한국의 교육 현장이 다음과 같이 바뀌어야 한다고 말한다.

"교수가 질문하고 스스로 답하는 강의는 최하급 강의다. 교수가 질문하고 학생이 답하면 조금 발전한 강의다. 학생의 질문에 교수가 답하면 바람직한 강의다. 최상급 강의는 학생이 한 질문에 다른 학생이 답하도록 유도하는 강의다" 요컨대 학생으로 교실의 주인공이 되게 하라는 말이다.[89]

탈무드는 말하길 "아이가 교사의 말을 듣고만 있다면 가르치는 것이 아니라 앵무새를 키우는 것뿐이다"고 가르친다. 그래서 유대인들은 끊임없이 질문하고 답한다. 그럴 때 진정으로 자신의 공부가 되는 것이다.

스토리텔링 수학 문제를 가지고 동아사이언스에서 이벤트로 토론식 수업을 해 본 적이 있다. 아이들은 적극적으로 수업에 참여하였고 수학이 어

---

89) 조벽, 조벽 교수의 명강의 노하우&노와이, 해냄.

우리 아이 첫 독립육아

렵게 느껴지지 않는다고 말했다.[90] 미국행동과학연구소(NTL)에 의하면 교사의 강의를 듣는 공부는 24시간 후 5% 기억하는 데 그치지만 말하는 공부는 90% 정도를 기억한다고 한다.[91] 아이가 스스로 이해한 것을 말하고 설명할 수 있다면 기억하는 데 더 유익하다. 거기에 자신의 상상력을 발휘해볼 기회가 있다면 수학을 통해 실제 응용 능력도 커진다.

아이들로 연산이나 문제 풀이 수학이 아니라 원리를 이해하게 하고 인문학적 소양을 중시해서 가르칠 필요가 있다. 그럴 때 아이들은 수학 공부의 진정한 의미를 파악하게 될 것이다.

우리 센터에서는 아이들이 수학·과학 통합 토론 교재로 공부한다. 수업시간 내내 아이들이 재잘대는 목소리가 들린다. 교사는 아이들이 공부한 내용에 대해 질문하고 현실에 어떻게 적용할지 질문한다.

아이들이 주인공인 수학 시간이다.

수학 실력이 국가경쟁력이다. 수학을 잘해야 나라가 산다.

과학기술정보통신부 포럼 중(2021.5.)

---

90) 수학책 읽고 토론하니 수학이 재미있어요, 동아일보, 2013.7.16.
91) 거꾸로 교실이 천재성 키운다. 에듀진 교육신문, 2016.8.4

07

코딩교육,
조바심 버리고 접근하기

전 세계는 코딩교육 중, 정작 IT 기업 CEO의 자녀들은?

코딩교육은 핀란드와 일본에서는 2009년에 필수 과목으로 지정되었고, 인도는 2010년 필수 과목 지정, 이스라엘은 2016년 의무교육으로 시행되었다. 우리나라의 경우 2019년부터 초등학교 5~6학년을 대상으로도 연간 17시간, 중학교의 경우 34시간 이상을 이수하게 되어있다.[92] 전문 인력의 부족으로 공교육에서 필요를 다 채울 수 없는 상황이 되자 사교육 시장에 불이 붙고 있는 것이 현실이다.

코딩은 컴퓨터와 대화하기 위해 컴퓨터 코드를 이해하고 논리적으로 명령어를 입력하는 것을 뜻한다. 코딩교육은 컴퓨터를 이해하기 위해 컴퓨터적 사고력을 기르는 것이다.

---

92) 18년 전부터 SW 교육받게 한 중국, 한국은 걸음마, 아주경제, 2020.1.9.

마이크로소프트의 회장 빌 게이츠도, 페이스북의 마크 저커버그도, 버락 오바마 대통령도 코딩교육의 중요성을 강조했다. 이런 추이를 보면 4차 산업혁명시대를 살아가는 현대인들에게 코딩은 중요해 보일 수밖에 없다.

그러나 한편에서는 아이러니한 일들도 벌어진다.

'모든 이가 코딩을 배워야 한다'라고 말했던 애플의 스티브 잡스는 정작 자기 아이들에게는 아이패드나 컴퓨터를 금지하고 책과 토론을 중시했다고 알려진다. 빌 게이츠도 자녀가 14세가 될 때까지 스마트폰을 금지했으며 대학생이 되기 전에는 스마트폰 사용시간을 제한했다고 한다.[93] 구글 CEO인 순다르 피차이도 11살짜리 아들에게 휴대전화도 사주지 않고 있다고 밝혔다.[94]

이처럼 IT 기업 CEO들은 자녀교육을 하며 IT 기술의 부정적인 영향력에 대해서 더 신경 쓰고 있는 듯 보인다. 아니면 기술적인 코딩 능력 외에 더 중요한 무엇인가를 먼저 가르치고 있다는 뜻이기도 하다.

컴퓨터, 스마트폰 등을 손쉽게 접하면서 성장기 아이들의 뇌 발달에 문제를 일으키고 있다는 보고가 계속 올라오고 있다. 프랑스와 같은 나라는 3세부터 15세 모든 학생이 학교에서 전자기기를 사용할 수 없도록 법으로 정해 놓고 있다.[95] 2015년 런던정경대학이 영국 내 91개 중·고등학교 학생 13만 명을 대상으로 조사한 결과 교내 스마트폰 사용을 금지한 경우 학생들의 시험 성적이 6.4% 오른 것으로 나타났다.[96]

93) 이지성, 에이트, 차이정원.
94) IT 기업 CEO들 자녀교육 어떻게, dongA.com, 2019.12.3
95) 프랑스, 초·중학교에서 '스마트폰 사용 금지', 머니투데이, 2018.8.1.
96) 프랑스, 초·중학교에서 '스마트폰 사용 금지', 머니투데이, 2018.8.1.

기술의 중요성을 알지만 반대로 기술에 많은 시간과 열정을 빼앗길 수도 있다. IT 기업의 CEO들이 이 점을 알았기 때문에 자녀에게 쉽게 기기 사용을 허락하지 않은 것이다. 코딩도 기술적인 면이 강하다. 언제든 배울 마음만 있다면 배울 수 있기에 그들은 자녀들에게 더 중요한 것들을 먼저 가르친다. 사람만이 할 수 있는 창의적 영역들을 먼저 교육하는 것이다.

컴퓨터 코딩 능력 전에 인간만이 할 수 있는 사유 능력을 개발하기

인간의 사고가 컴퓨터보다 더 고차원적이다. 코딩교육은 컴퓨터처럼 사고하는 법을 배우는 것이다. 현재 코딩교육 시장이 부풀려져서 인간이 만든 컴퓨터 언어를 너무 우상시하는 경향이 보인다. 코딩 단기속성과정이 백만 원을 호가하는 학원가의 술수에 당하는 부모들을 보며 많은 생각에 잠긴다. 코딩은 저차원의 교육이라는 생각을 먼저 해야 한다. 원리만 이해한다면 언제든 배울 수 있는 것이다. 더구나 스크래치(Scratch), 앱인벤터(App Inventor for Android), 파이선(Python) 같은 무료 코딩 프로그램은 유튜브를 통해 단기간에 손쉽게 배울 수 있으므로 고액 학원에 의지하기보다 아이들이 스스로 배우게 도전해 보라고 하는 것도 하나의 방법이 될 수 있다.

왜 유명 IT 회사들의 대표들이 대외적으로는 컴퓨터 코딩교육을 장려하면서 자신의 자녀에게는 멀리하게 하거나 더디게 배우게 하는지 한번 생각해 볼 필요가 있다. 코딩도 삶의 도구로 사용할 수 있지 시대에 뒤처진다는 불안감으로 접근해서는 안 되는 것이다. 너무 이른 시기에 코딩을 접하면 단순한 작업에 매료되거나 사고가 한 방향으로 굳어질 수 있다.

실제 현역에 있는 IT 개발자들은 아이들의 코딩교육에 회의적인 사람들이 많다. 수학적 사고력만 잘 이루어져도 코딩교육의 목적은 달성될 수 있다고 말하는 이들이 많다.[97]

특히나 어린 나이에 코딩기술에 집중하면 추상과 논리의 힘이 성장하기 어렵다고 보고 있다. C언어나 자바, 파이썬 등 다양한 언어 중 하나를 선택해 오래 사용하면 그 언어의 패러다임에 익숙해지고, 사고가 갇혀 버린다. 그러면 문제의 해결책을 떠올리는 데 한계를 가지게 되는 것이다. 특히 프로그래밍 언어 하나를 익히면 나중에 다른 프로그래밍 언어를 익히는 데 큰 방해 거리가 된다. 모든 프로그래밍 언어는 제한된 사용 기한이 있다. 어린아이들을 특정 언어나 패러다임에 가두면 나중에 새로운 프로그래밍 언어를 배우는 데 어려움을 겪을 수 있다.

기억할 것은 새로운 기술이 나오면 이전의 기술은 무용지물이 되어버린다는 것이다. 그래서 전문가들은 어린아이들에게 필요한 것은 당장 코딩기술을 배우는 것보다 끊임없이 생각하고 상상하게 하는 힘이라고 말한다.[98] 이런 내막을 알고 있기에 실리콘밸리의 최고 경영자들은 자녀들에게 사유의 힘을 기르는 근본적인 교육을 하는 것이다.

인간은 본래 독창적이고 깊이 있는 사고를 힘들어한다. 그래서 편리한 기술에 쉽게 생각의 자리를 내준다. IT 미래학자 니컬러스 카는 〈생각하지 않는 사람들〉에서 현대 인류가 인터넷과 컴퓨터로 인해 사색 능력이 감소

97) 개발자 아빠의 교육실험-코딩교육, 과연 필요한가?, 동아사이언스, 2019.1.21.
98) 바보야, 문제는 코딩이 아니야, 삼성전자 뉴스룸, 임백준, 2017.7.13.

하였고 생각이나 감정의 깊이도 바꿔놓았다고 말한다. 또한, 인터넷과 미디어 사용이 뇌의 피로감을 높여 학습 능력을 낮추고 이해력을 약화시킨다고 주장한다. 인간이 깊이 사고하는 능력, 독창적 지식을 창조하는 능력을 약화시킨다고 말한다.

그의 말처럼 기술은 발전해가고 있지만, 인간의 사색 능력은 오히려 퇴보하고 있는 게 아닌지 개인적인 차원에서도 돌아봐야 한다. 자녀들과 함께 책을 읽고 생각하고 대화하고 토론하는 능력을 키우는 것이 코딩교육보다 더 필요한 시점이 아닐까?

인간의 고유한 능력이 발휘될 수 있도록 생각하는 법을 훈련하는 것이 단순한 코딩기술을 배우는 것보다 우선시 되어야 한다고 본다.

08

경제교육:
정보화시대 살아남는 법을 가르쳐라

독립육아, 자녀의 경제적 독립을 염두 하라

자녀를 독립적으로 키워나가기 원하는 부모라면 자녀의 경제교육을 등한히 할 수 없다.

아직 어리다는 이유로 경제교육을 뒤로 미뤄서는 안 된다. 기요사키는 아홉 살부터 부자 아빠로부터 경제교육을 받았다. 그는 말하길 적어도 9세부터 15세까지 경제교육을 시켜야 할 시기라고 말한다.[99]

이제는 예전처럼 '열심히만 살면 되지'하는 생각으로는 살아가기가 어려운 정보화시대다. 지식의 효용 기간이 점점 짧아지면서 부모가 살던 시대 방식으로는 현대 정보화시대 경제 흐름을 따라갈 수가 없다. 학교에서 배운 지식은 사회에 나오면 이미 퇴물이 되어버리는 경우가 다반사다. 정

---

99) 로버트 기요사키, 부자 아빠의 자녀 교육법, 황금가지.

보 시대의 경제 흐름을 읽는 젊은 부자들이 속속 출몰하고 부모 세대의 기업들을 사들이기도 한다. 이런 상황에 자녀에게 경제교육을 하지 않는 것은 부모로서 직무 유기가 될 수 있는 상황이 되었다.

흔히들 학교 교육을 모두 마치면 자녀가 경제적 독립을 이루고 사회의 일원으로 살아갈 것을 기대한다. 그러나 우리도 알다시피 학교가 자녀의 경제적 독립을 위해 알려 주는 것이 그리 많지 않다. 대학을 졸업해도 취업률이 높지 않은 현실 속에서 경제교육은 막연히 전문 지식이나 기술 한 가지를 가르치는 것만이 아니라 돈의 흐름을 이해하고 금융 지식을 가르치는 것까지 이루어져야 한다. 이런 것은 일반 교과적인 지식을 뛰어넘는 지식이다.

부자들은 왜 부자가 되고 가난한 이들은 왜 가난해지는 걸까?

단순히 배움이 짧기 때문이라거나 사회적 구조 때문이라며 단순하게 생각해 비판으로 끝낼 것이 아니다. 의식을 바꾸고 생활 태도를 바꾸어 자녀에게 구체적이고 건강한 경제 지식을 가르쳐 줄 필요가 있다.

현대에 SNS가 활성화되면서 돈을 버는 사람들이 어떻게 돈을 벌었고 경제적 안정과 부를 이루었는지 정보를 공유하고 있다. 의외로 그들은 학벌이 대단하다거나 원래 부자였다거나 하는 사람이 아니라 경제 지식, 금융의 흐름을 아는 사람들이었다. 그들은 학교에서 배운 경제 지식에 대해선 거의 언급이 없다. 그들은 스스로 공부하고 부딪히며 경제를 배우고 익힌 사람들이었다. 그러므로 자녀에게 경제교육을 시키고 싶다면 부모가 스스로 경제에 대한 이해와 지속적인 공부가 필요하다. 예전처럼 돈에 관한 공부를 속되다거나 부정적인 것으로 치부해선 안 된다. 그러기엔 경제적인 면은 삶을 살아가는 데 너무 큰 비중을 차지한다.

돈에 대한 부모의 인식은 아이들에게 직접적인 영향을 준다

경제교육을 시키기 위해 제일 먼저 필요한 것은 돈에 대한 사고의 전환이다.

한국인이 일반적으로 돈을 대할 때 뒷거래, 부정직, 정치적 결탁, 부도덕과 연관 지어 사고한다. 그러기에 아이들에게 돈에 대해 가르치는 것이 자연스럽지 않다. 종교를 가진 사람들은 '돈을 사랑함이 일만 악의 뿌리'라고 알고 있는 경우가 많아 경제에 관해 가르치는 것이 더 어렵다. 가르칠수록 부모 자신도 마음에 짐이 된다. 부모가 돈에 대한 사고를 긍정적으로 바꿔야 올바른 경제교육이 가능하다. 돈을 우상시하는 것도 잘못이지만 돈을 터부 시하는 것도 문제다. 머니코칭 상담가 데보라 프라이스는 8가지 머니타입 유형이 있다고 말한다. 즉, 순진형, 피해자형, 전사형, 희생자형, 부모형, 예술가형, 군주형, 머니 머지션형이 그것이다. 돈을 대하는 태도는 대부분 양육자였던 부모의 영향을 받으며 무의식에 저장돼 자녀의 삶에 지대한 영향을 준다는 것이다.[100] 자녀의 경제적 성공을 위해서라도 부모는 돈을 대하는 태도를 변화시킬 필요가 있다.

---

100) 데보라 프라이스, 행복한 머니 코칭, 나라원.

전 세계 40%의 부호들, 유대인이 돈을 대하는 태도

유대인의 경우 돈은 신이 내린 축복이고 가난은 최악의 저주라 여긴다. 전 세계에서 가장 경건하고 신앙적이라는 유대인들의 탈무드는 "가난한 것은 집안에 50가지 재앙이 있는 것보다 더 나쁘다"라고 말한다. 유대인은 어려서부터 가난을 피하고자 경제 공부를 확실히 시킨다. 어떻게 돈을 벌고 관리하고 사용하는지 체계적이고 실질적으로 가르친다. 그들은 가난이 가진 비참함을 가르치고, 부유함을 친구로 여기도록 가르친다. 돈이 속되다는 생각 자체가 없다. 탈무드는 "부유함"을 벗이라고 표현한다. 그들은 또한 부유한 자들을 함부로 헐뜯거나 비판하지 않는다. 거기까지 이르기 위해 노력한 보이지 않는 노고를 기억하게 한다. 부유함은 가족의 행복을 위해서도 필요하지만, 선행을 위해서도 필요하다고 가르치며 체다카(Tzedakah)교육이라 하여 사회적 책임에 대해서도 강조해 교육한다. 미국 억만장자 중 48%가 유대인일 정도로 많은데 유대인 기부자도 전체 기부자 중 30%가 넘을 정도로 많다. 2008년 '50대 기부자' 리스트 중 16명이 유대인이다.[101] 미국의 2%밖에 안 되는 유대인이 기부자의 30%를 차지하고 있다. 100억 불 이상을 기부하는 '초 거액 기부자'도 유대인 비중이 24.5%다. 돈을 번다는 것은 사회적 책임을 다하는 것과 밀접한 연관이 있다고 가르치고 실제 그렇게 산다.

돈을 대하는 태도와 의식의 전환은 부유함으로 가는 첫걸음이다. 모든

---

101) 아름다운 재단 기부문화연구소, 2013.5.24

힘은 그들이 가진 생각과 태도에서 나온다. 자녀에게 경제를 가르쳐야 한다는 생각을 한다면 바른 경제관을 세운 후 가르쳐야 내면에 거부감이 없다. 가족의 안위를 지키고 자아실현을 위한 경제적 자유를 얻는 것은 중요하다. 유대인들처럼 수준 높은 의식을 가지고 사회적 책임을 다하게 하는 경제교육은 우리가 지향해야 할 교육 모델이다.

몇 해 전 "인생 뭐 있어! 즐겨"라는 말과 함께 욜로 인생을 찬양하던 때가 있었다. 코로나 사태 이후 국가적으로 경제적 어려움에 직면하게 되자 욜로라는 말이 어느새 자취를 감췄다. 즐기는 것이 나쁜 것은 아니지만 그것이 주가 되어서는 안 된다. 이스라엘을 여행한 사람들이 놀라는 것 한가지가 있다. 그들에게 유흥 거리가 거의 없다는 것이다. 도시 외곽에 유흥가가 조금 있지만, 그마저도 찾는 이들은 관광객 정도다. 유대인들은 철저히 가정 중심의 삶을 살며 자녀에 대한 책임을 부부가 함께 지는 문화다. 부유한 자이든 아니든 이와 같은 가정 중심 문화가 보편적이다. 우리나라는 우리나라만의 고유한 문화적 특성이 있어 비교할 수는 없다. 하지만 자신의 가정 문화는 부모의 권한 아래 있으니 어떤 모습을 만들어 갈지 깊이 숙고해 보면 좋을 것 같다.

다양성에 눈을 열라

N잡러라는 신조어가 생기고, "폴리매스"라는 다재다능 인간형이 부각되고 있다. 개성을 가진 사람들이 다양한 분야에서 활동하는 것을 지향하

는 시대라는 것이다. 현재 직장인 중 2개 이상의 직업을 가진 사람이 평균 30%를 넘어섰고 앞으로도 늘어날 것이라고 예상한다.[102] 생계형도 있지만 20대로 내려갈수록 자신이 즐기면서 할 수 있는 일을 찾는 추세다. 자신의 개성과 장점을 찾아 직업을 선택한 게 아닌 경우 뒤늦게 자신이 원하는 것을 찾는 것과 무관하지 않다.

미 경제학자 도스타인 베블렌은 "교육에 대한 무능화"라는 개념을 이야기하며 한 분야에 대해 전문화되면 될수록 시야가 좁아져서 도리어 사물의 본질을 그르칠 수 있다고 지적한다.[103] 가능한 많은 다양한 지식을 배우고 다각도로 이해하는 것이 현대를 살아가는 사람들의 공부방법이다. 자녀들로 잡학자가 되게 키우는 것은 여러모로 유익하다.

한 분야에 몰입해서 성과를 내는 것은 중요하다. 그렇다고 해서 고지식하게 한 분야의 지식만 아는 편협한 사람으로는 만들지 마라. 그러면 유연성이 없어져 정작 자기 분야에서도 창의력을 발휘하기가 어렵다.

다양한 지식이나 아이디어를 가진 사람은 내면에 날카로운 직감력을 지닌다. 경제적인 흐름을 이해하고 투자를 하는 직감력도 그냥 만들어지지 않는다. 다양하게 쌓아놓은 지식과 아이디어가 내면에서 결합해 현실을 보는 눈을 만들어 내는 것이다.

이런 자세가 경제적인 흐름을 볼 수 있게 하고 다양한 부류의 사람들과 교류도 가능하게 한다. 해박한 지식은 다양한 사람들의 입장을 이해하고 존중하는 데 도움이 된다. 이러한 만남은 또 다른 인연을 만들고 역동

---

102) 직장인 10명 중 3명 "나는 N잡러" 30대가 가장 많아, 리크루트 타임즈, 2020.10.15
103) 마빈 토케이어, 유태인의 성공법, 범우사. p.79.

우리 아이 첫 독립육아

적인 인생을 만들어 간다.

경제적 주체가 되는 법을 교육하자

경제교육은 아이가 어린 시절에 용돈 기입장을 쓰게 하고 저축을 하게 하는 단순한 것 이상의 의미다. 하나의 독립된 인격체로 생각하게 하고 자신의 인생에 주체자가 되게 하는 법을 가르치는 것까지다. 어떤 인간의 모습으로 살아가야 할지를 가르치는 것이 큰 틀의 경제교육이다.

자신을 위해 저축 통장을 만들게 하고, 이웃을 돕기 위해 기부 통장을 만들게 하는 유대인 부모의 가르침에는 자신을 돌보는 것의 중요성과 이웃을 돌보는 책임이 있다는 것을 동시에 가르치고 있다. 다양한 지식을 습득하고 다양한 직업들에 대해 열린 마음을 갖는 것은 삶에 대한 배려와 넓은 안목을 갖겠다는 의지를 나타낸다. 부모는 자녀의 경제교육을 생각하며 어떤 가치를 심어줄지 깊이 생각해 봐야 한다.

내 자녀는 벌써 커서 20대 초반이 되었다. 어린 시절부터 조금씩 경제교육을 시켰고 십 대 때부터 경제적 독립은 성인의 표시라고 가르쳤다. 가족들이 돈을 모아 기부 단체를 통해 아프리카 아이들을 후원하고 그 아이들이 성인이 되어 독립해서 이젠 다른 아이를 후원하고 있다.

나는 두 아이가 대학생이 된 후 용돈을 각자 알아서 해결하게 하였다. 모두 학교생활과 아르바이트를 병행하며 경제적으로 독립해가고 있다. 대학 2학년 아들은 기업 가치를 분석하며 주식 공부 중이다.

경제교육은 사람 교육이고 가치교육이다. 건강한 사회의 일원으로 책임 있는 성인이 되길 소망하며 자녀 경제교육은 여전히 진행 중이다.

자녀 경제교육 어릴 적부터 시작하라.

로버트 기요사키, 〈부자 아빠의 자녀교육법〉 저자

09

내면을 지혜와
보편 가치로 채워라

독립적 자아가 도전적 미래에 직면하기 전에 갖춰야 할 가치

〈클라우스 슈밥의 제4차 산업혁명〉을 읽다 보면 인류가 그 발전에 의미를 부여하고 가치를 매기기 전에 기술이 너무 앞서가고 있는 게 아닌가 할 정도로 그 발전 속도가 빠르다.

이미 일상과 분간할 수 없는 기술력들이 삶 속에 깊이 파고 들어와 있다.

음성명령 시스템을 넘어서 신체 언어들을 이해하는 센서들이 우리의 의식적, 무의식적 의도를 읽어 컴퓨터, 휠체어, 의족을 움직이고, 우리의 신체 일부가 되어 주기도 한다. 앞으로는 더욱 발전해 맞춤형 마이크로 칩이 우리 몸의 맞춤형 유기체를 만들 날이 온다고 한다.[104]

3D프린팅기술은 일부 제조업에서 사용하던 것이 이젠 다양해져서 자

---

104) 클라우스 슈밥, 클라우스 슈밥의 제4차 산업혁명, 메가스터디북스. p.122.

동차, 패션디자인, 임플란트, 보청기 등을 만들고 있다. 앞으로는 인체 생체 조직을 출력하는 기술까지 개발 중이라니 놀랍기만 하다.[105]

기술의 발전은 인류에게 축복이기도 하지만 많은 도전과 윤리적 과제를 남기기도 한다. 이런 기술이 낳게 될 윤리적, 사회적 문제들에 어떤 대처를 해야 할지 생각해 볼 여지가 있다.

유발 하라리는 〈사피엔스(Sapiens)〉 서문에 '유전공학, 인공지능, 그리고 나노기술을 이용해 천국을 건설할 수도 있고, 지옥을 만들 수도 있다. 현명한 선택을 한다면 그 혜택은 무한할 것이지만, 어리석은 선택을 한다면 인류의 멸종이라는 비용을 치르게 될 수도 있다. 현명한 선택을 할지의 여부는 우리 모두의 손에 달려 있다'라고 말했다.[106]

아이들이 살아가게 될 미래 세상은 기술의 발전과 함께 도덕과 윤리에 대한 이슈들이 더 많이 등장하게 될 것이다. 이런 시대를 대비해 자녀들에게 물려줘야 할 중요한 삶의 태도가 깊이 생각하고 고민하며 소통하는 태도다. 기본적 지식에 새롭게 나타나는 지식을 쌓아가며 가치를 정립하고 인류가 나아가야 할 바를 생각하고 고민해야 한다. 아이들에게 이런 주체적인 사고와 소통을 훈련시키지 않으면 쉽게 알고리즘에 의한 여론에 부화뇌동하게 되고 잘못된 선택을 하게 될 수도 있다.

시카고대학 총장 로버트 허친스(1899~1977)는 고전을 통해 시대를 초월한 공통의 선과 지혜를 학생들에게 가르쳐야 한다고 보았다. 그는 위대한 고전 100권을 읽고 토론하며 시대를 관통하는 가치와 철학을 학생들

---

105) 클라우스 슈밥, 클라우스 슈밥의 제4차 산업혁명 메가스터디북스. p.201
106) 유발 하라리, 사피엔스, 김영사, 2015.11.24.

에게 교육시켰다. 그는 고전교육을 교양 차원을 넘어서서 민주시민의 의무라고 밝힌다. 시카고대학은 1929년 고전 읽기를 도입한 이래 2014년까지 85명의 노벨상 수상자를 배출하는 명문대가 되었다.[107]

깊이 있게 사고하는 힘은 인간에게 주어진 권리이고 의무이다. 고전을 통해 사고하는 힘을 키우는 일은 인류 보편적이고 시대를 관통하는 지혜를 배우는 길이다. 아이들이 새로운 기술과 도전 과제들을 끊임없이 대면하게 될 때 보편 가치 아래서 바른 결정을 해나갈 수 있도록 교육할 책임이 기성 세대에게 있다.

몇 해 전 우리나라도 고전 읽기 열풍이 유행처럼 번졌던 적이 있다. 수능 중심의 현실 입시 앞에서 사그라들고 말았는데 인간의 보편 가치는 시대를 초월해 다르지 않다. 부모와 교사들은 아이들과 함께 끊임없이 묻고 답하며 시대의 기술 발전 속도에 맞춰 도덕과 가치를 어떻게 적용해 가야 할지 끊임없이 묻고 답해야 한다.

현대를 사는 많은 이들이 빅데이터에 의사 결정을 쉽게 맡겨버린다.

창의성과 깊은 사고력을 발달시키는 것이 4차산업혁명시대에 인간만이 할 수 있는 능력이라고 전문가들은 수없이 말하고 있지만, 실제 인간은 너무 쉽게 생각하기를 놓아버린다. 결국은 생각하고 싶어 하지 않는다.

현대에 와서 미디어의 발달이 아이들 스스로 생각하는 힘을 막는 경우가 많다. 미디어를 지혜롭게 활용하게 하되 절제함으로 아이들이 생각하는 힘을 키울 수 있도록 고전 읽기, 책 읽기, 토론 활동을 병행할 필요가

---

107) '오래된 미래' 시간의 마모를 견딘 위대한 고전, 김상훈, 김해뉴스, 2019.10.16.

있다.

미래 정치, 경제, 종교, 교육계 지도자들은 누가 되어야 하는가? 이러한 고민과 성찰이 이뤄진 인물들이어야 하지 않을까!

복잡해져 가는 세계, 새로운 교육 방법을 강구하자

2017년 우리나라에서 로봇에게 전자적 인격체로 지위를 부여하며 윤리 규범을 준수하는 "로봇 기본법"이 발의되었다. 로봇과의 공존 사회 도래를 앞두고 인간을 보호하고 다가올 시대에 대응하기 위한 법 제정이었다.

반면 조건이 갖춰진다면 로봇에게 시민권을 부여해도 된다는 목소리도 있다.[108] 그들은 의사결정능력, 소통능력, 판단력이 갖춰지면 시민성의 근거가 될 수 있다고 말한다. 사우디아라비아는 이미 2017년 인공지능 로봇 소피아에게 시민권을 부여했다. 외국인과의 결혼으로 낳은 자녀에게조차 시민권이 제한되는 사우디의 이러한 조치는 많은 비판을 낳았다.

미래엔 이전에 없던 사회 이슈들이 더 많이 등장하게 될 것이다. 인간이 가져야 할 윤리나 도덕규범이 갈수록 중요해질 것이다. 아이들로 끊임없이 생각하고 사고하게 해야 한다. 개개인의 의식 수준이 그 시대의 의식 수준이다.

독일의 히틀러가 한 민족을 말살시키고 있을 때 7000만의 인구 중 6900만 명이 그 선동에 동조했다. 그들은 당대 지식인들이었고 지도자들이었다. 한 사람 한 사람의 의식의 성장이 곧 그 시대 시민의 의식 수준이

---

108) 크리스 그레이, 사이보그 시티즌, 김영사. p.65-74.

다. 인간에 대한 사랑과 존중, 생명에 대한 가치를 귀하게 여기는 태도를 후세대에 물려줘야 한다. 그러한 정신이 사회제도, 경제, 정치, 기술에 묻어나야 한다.

입시를 위해 모든 욕구와 감정을 누르고 아이들 스스로가 가치 판단을 유보하는 우리나라의 교육을 보며 안타까움을 느낀다. 생각하고 토론하며 생각하는 힘을 키우는 것이 미래 시대 더욱 중요해진다. 일본의 경우 사고력과 토론 중심의 바칼로레아(IB) 교육제도를 대대적으로 도입하고 2016년 첫 대입을 치렀다. 일본은 교육개혁을 통해 생각하는 미래인재를 양성하고자 노력 중이다. 발 빠르게 미래 시대를 준비하는 일본처럼 우리나라도 새로운 도약을 위해서는 수동적 학습이 아닌 생각하고 토론하는 사고력 중심의 교육제도로 바꿔야 한다는 사실을 절감한다. 단순히 윤리적 판단 능력만을 위한 것이 아니라 경제적 발전을 도모하기 위해서도 시급하다고 전문가들은 말하고 있다.[109]

질문하고 토론하기

학교에서 토론시간은 교사들이 기피하는 시간이기도 하다. 익숙지 않기 때문일 수도 있고 아이들이 토론으로 긴 시간 배울 것을 교사의 티칭으로 손쉽게 전달할 수 있다는 생각 때문이기도 하다. 그러나 아이들이 말하며 배우는 것이 더 오래 기억에 남는다는 연구결과가 있다. 아이들 스스로가 이해될 수 있도록 토론하고 질문하며 배우는 것이 실제적인 지식으

109) 교육혁신 대안 부상 IB ①일본 "교육계 넘어 국가 미래전략 차원 도입", 지준호 기자, 에듀인교육, 2018.9.27.

로 뇌에 남는다는 것이다.

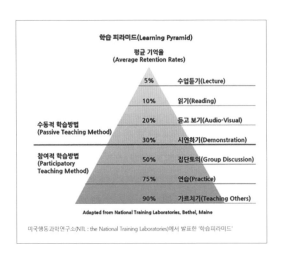

토론 위주의 교육을 2000년 역사의 문화적 특성으로 가지고 있는 민족이 유대인이다. 그들은 식탁에 앉아서도, 종교 모임에 모여서도, 어딜 가든 둘 이상만 모이면 끊임없이 토론하는 문화를 가지고 있다. 의견을 나누고 서로의 의견을 경청하고 최선이 무엇인지 고민하는 것이 일상이 되어있다. 그들은 웬만한 비판에 자존심을 상해하지 않는다. 발전적 대화로 보고 더 나은 답을 찾아간다. 반면 우리나라 학생들이 외국에서 대학 생활할 때 가장 큰 난제가 비판에 대처하는 능력이 현저히 떨어진다는 점이다. 유대인들은 나와 다른 의견을 당연시하며 100명이 있다면 100개의 답이 있다고 말할 정도고 각각의 의견을 가치 있게 본다.[110]

자녀교육에서도 좋은 질문이 그 사람의 수준이라는 의식을 가지고 자

---

110) 전성수, 부모라면 유대인처럼 하브루타로 교육하라, 위즈덤하우스. p.25

우리 아이 첫 독립육아

녀들에게 질문의 중요성을 주지시킨다. 그들은 자녀들이 질문하면 정답을 가르쳐주지 않는다. 아이 스스로 답을 찾아가도록 다시 질문하고 사색하게 한다.

한국의 토론 문화는 아직 초보적 단계라 질문 자체를 꺼리고 질문을 하더라도 눈치를 주거나 단순하게 정답을 말해 주고 끝나는 경우가 다반사다. EBS에서 대학 질문 문화에 대한 실험을 진행했었다. 한국대학 강의실에서 다섯 번의 질문을 던진 질문자에게 보내는 주변의 따가운 질시가 우리나라의 토론문화, 질문을 바라보는 사회 비판적 시선을 알려 주기에 충분했다.[111] 이것은 세계적인 IVY리그 대학들에서는 절대 찾아볼 수 없는 광경이다. 대학의 선진화를 위해서 우리나라가 넘어야 할 큰 장벽 중의 하나가 자율적인 토론 문화인 것은 분명해 보인다.

유대인의 토론 문화 하브루타는 스스로 사색하는 것을 중요하게 생각한다. 그래서 아이들이 질문해도 그 자리에서 답을 주지 않는다. 스스로 생각해서 답을 찾을 수 있도록 다시 질문하고 답하게 한다. 사색과 토론은 그 행위로 끝나지 않고 실천으로 옮기는 것으로 끝을 맺는다. 유대인들 삶에서 기부 문화가 자연스러운 것은 이런 실천적 하브루타의 정신에서 나왔다. 그들에게 있어서 하브루타는 진리를 찾아가는 과정이고 변화와 발전을 위한 방법인 것이다.

우리나라 부모들과 교사들도 서툴더라도 자녀와의 대화와 열린 토론 문화를 조금씩 정착시켜나갈 필요가 있다. 이것은 자녀들이 스스로 사고

---

111) EBS MEDIA, 왜 우리는 대학에 가는가 해냄.

하는 힘을 길러주고 책임 있는 행동을 하게 하기 위한 기본적이고도 효과가 검증된 방법이다.

우리 센터에서 진행하는 모든 수업은 토론 수업으로 진행된다. 세계사 수업도, 수학 수업도, 동화 수업도, 독서 토론 수업도 아이들의 의견을 묻고 이야기를 듣는다. 항상 놀라는 점은 아이들은 어른들이 생각하지 못하는 부분을 생각하고 있고, 놀랍도록 창의적이라는 것이다. 아이들은 스스로 말하고 생각을 정리해 간다. 자신의 의견을 말하는 행위 자체가 아이들의 자부심과 자기 효능감을 높여준다. 학교의 수업들이 이렇게 토론 중심으로 진행된다면 아이들 전체의 능력치가 상승할 거라 생각한다. 전 세계적으로 높은 지능지수를 보유한 한국의 아이들이라면 분명히 그렇게 될 것이다.[112] 그런 교육개혁이 속히 오길 바라본다.

---

112) IQ가 가장 높은 국가는 어디인가? 영국 심리학자 Lichard Lynn과 핀란드 정치학 교수 Tatu vanhan은 2002~2006년 80개국 이상에서 진행한 작업에서 한국은 세계 2위 IQ 평균 106점을 기록했다. https://brainstats.com/average-iq-by-country.html

우리 아이 첫 독립육아

지구환경 함께
지켜가기를 가르치기

독립육아는 자기 행동에 책임감을 느끼도록 키우는 것

자녀가 독립적으로 커나가는 데 책임감은 가장 중요한 덕목 중 하나다. 한 명의 인격체로 독립하기 위해 행동의 자율성과 그에 따른 책임을 훈련한다면 아이들은 더없이 건강한 성인으로 성장하게 될 것이다. 뒷일을 생각지 않고 함부로 자율을 외치는 것은 사람의 방종을 부추기는 것과 같다. 독립육아 책 끝부분에 전 세계적인 인류의 책임감에 관해 이야기하고 싶다.

최근 지구는 인류 발전의 대가로 몸살을 앓는다. 환경의 문제가 피부로 느껴질 만큼 심각해 지고 있다. 전 세계가 코로나로 벌써 2년째 비정상적인 체계 속에 살아가고 있다.

이 같은 바이러스는 이제 단발성으로 끝나지 않을 기미다. 지구별에 사는 누구나 몇 년에 한 번씩 전 지구를 휩쓰는 이 같은 유행병에 몸살을 앓는다. 발생 주기도 짧아지고 있고 사상자 수도 늘어나고 있다.

2003년 사스, 2012년 메르스, 2020년 코로나 유행까지 겪고 있고 앞으로 이와 같은 일들은 다시 일어나게 될 가능성이 크다. 인간이 환경을 파괴하고 무분별하게 개발을 지속하는 이상 환경의 재앙은 계속될 것이다.

우리가 다음 세대를 생각하며 아이들이 살아가게 될 지구를 생각하지 않을 수 없다. 환경 전문가들은 자녀 세대에 가서 문제 될 일이 아니라 현재가 심각한 수준이라고 경고하고 있다. 우리가 나서서 책임 있는 행동을 하고 아이들에게 지구를 소중히 여길 것을 교육하지 않으면 이 땅이 황폐하게 될 날은 멀지 않았다.

〈불편한 진실〉에서 미국 부통령이었던 앨 고어는 이산화탄소 배출량과 지구 온도의 지속적 상승치가 비례하고 있음을 주지시킨다. 이산화탄소가 늘어나며 히말라야, 알프스, 파타고니아에 쌓여 있는 만년설도 녹아내리고 있다. 1970년부터 만년 빙하의 양과 두께가 2010년까지 40년간 약 40%가 감소했다. 전문 연구 기관은 이러한 추세면 50~70년 안에 북극 만년 빙하가 사라진다고도 예측한다. 만년 빙하가 사라지는 것은 해수면의 상승과 바다의 온도 상승에도 직접적인 영향을 미친다. 해안 주변 도시들이 물에 잠기고, 평야가 사라져 농사를 지을 땅이 물에 잠겨 전 세계적 식량 부족 현상이 나타날 수밖에 없다.[113] 거기까지는 상상하고 싶지 않은 미래다.

막연히 정부나 기관이 해결해 줄 일이라 떠넘기기엔 인류 전체 생존과

---

113) 앨 고어, 불편한 진실, 좋은생각.

연관된 현실이 되었다. 모두 함께 지구를 지킬 책임 있는 행동을 해야 가능한 것이 환경 사안이다.

인간의 플라스틱 사용량 증가는 환경에 악영향을 주고 있는데 1950년부터 2015년까지 생산된 플라스틱 총량이 무려 83억 톤이다. 플라스틱은 자연적으로 분해되지 않기 때문에 지구 어딘가에 어마어마한 양이 존재하고 있다. 바다로 흘러간 미세플라스틱은 먹이 사슬에 혼란을 가져온다. 플랑크톤이 미세플라스틱을 먹이로 오인해 먹고, 플랑크톤을 어류들이 먹고, 그 어류를 인간이 섭취하고 있다. 우리는 스스로 해를 끼치는 행동을 하고 있지만, 플라스틱이 주는 편리함에 크게 상관하지 않고 있다.

한국은 OECD 재활용 분리 수거율 2위 국가로 기본적인 리사이클 운동이 잘 이루어지는 편이다. 선진국인 미국의 대도시조차 분리수거 없이 쓰레기를 투척하는 모습은 가히 충격적이다. 한국이 잘하는 것이 있지만 에너지 사용량은 세계 평균보다 2배가량 많이 사용하고 있는 것도 사실이다. 전 세계가 한국인들처럼 에너지를 사용한다면 1년 동안 3.7개의 지구를 사용하는 것이나 다름없다고 전문가들은 말한다.[114] 에너지를 만들어내기 위해 얼마나 많은 자원이 필요하고 그 결과로 환경 파괴가 심각한지 기억할 필요가 있다. 매해 한국인이 배출하는 이산화탄소량은 약 9t에 이른다. 지구온난화를 막기 위해서는 이산화탄소를 매년 2.5t 이하로 줄여야 한다.[115] 내 아이의 미래 환경이 피폐해질 것을 기억하고 부모인 우리가 생활 습관을 바꿔 아이들에게 책임감 있는 모범을 보여줘야 할 때다.

---

114) 타일러 라쉬, 두 번째 지구는 없다, 알에이치코리아. p.65.
115) 그린 포스트 코리아, 기후수첩, 이산화탄소가 지구를 위협하는 이유, 이민선 기자

지구환경을 위해 가정에서 할 수 있는 일 해 보기

시장갈 때 봉투 대신 에코백을 사용하고, 일회용 컵 대신 텀블러로 커피를 마시고, 깨끗이 분리수거를 해서 재사용할 수 있게 배출하는 것은 조금만 신경 쓰면 누구나 할 수 있다. 여름에는 에어컨 온도를 평균보다 2도 더 높이고, 겨울에는 2도를 더 낮춰 적정 실내 온도를 지키는 것만으로도 온실가스를 10% 이상을 줄이는 효과가 있다. 필요 없는 이메일 내용을 10%만 삭제해도 매년 1t의 탄소가 저감 될 수 있다. 인터넷에 존재하는 자료들은 데이터센터에 보관되는데, 데이터센터 냉각을 위해 많은 전력이 사용된다고 한다. 불필요한 이메일을 줄이는 것만으로도 탄소 발생을 줄일 수 있다고 하니 우리가 조금만 신경 쓴다면 에너지를 줄여나갈 수가 있다.

더불어 식생활 면에서도 채식을 늘리고 육식을 줄여나갈 필요가 있다. 1kg의 고기가 접시에 오르려면 가축에게 30kg이 넘는 콩과 곡물을 먹여야 한다.[116] 가축이 배출하는 이산화탄소의 양도 교통 부문의 온실가스와 맞먹는 양이다. 경제적 이익과 가축 사육을 위해 지구환경이 치르는 대가가 너무 크다는 생각이 든다.

집에서 동물을 키워본 경험이 있는 사람은 동물도 사람과 교감할 수 있는 생명체라는 사실을 금세 알게 된다. 동물과 교감하다 보면 모든 생명이 소중한 걸 느끼게 되고 생명에 대한 감수성도 생기게 된다. 아이들과

---

116) 작은 지구를 위한 다이어트 Diet for a Smaller Planet, 프랜시스 무어 라페

우리 아이 첫 독립육아

함께 생명에 대한 공감 능력을 키우고 민감성을 키워가면 육식에 대한 생각도 조금씩 바뀌어 갈 수 있지 않을까 생각한다. 일주일에 하루라도 고기 없는 식탁을 만들어 볼 것을 제안해 본다.

도시에 살다 보면 인간이 원래 어떤 환경에서 살 때 자연스러운지 잊는다. 빽빽한 빌딩 틈에서 매캐한 공기를 마시며 메마른 감수성을 가지고 사는 우리를 볼 때면 가끔 AI처럼 느껴질 때도 있다. 도시 밖으로 나가 바람을 느끼고 바다 내음을 맡아 보고 숲의 공기를 마시며 인간이 원래 자연의 일부고 그 속에서 평온을 느끼는 존재인 것을 알게 된다. 우리의 아이들이 자연의 냄새를 맡고, 나무에 올라보고, 땅을 밟아보고, 노을을 바라보며 감동했으면 좋겠다. 인간이 그런 존재인 것을 기억했으면 좋겠다.

지구 시민의식이 필요한 때

16세 스웨덴의 환경운동가 툰베리는 환경 파괴의 위험성에 대해 금요일마다 전 지구적 각성을 외친다.[117] 그녀 혼자 할 수 있는 일이 아니다. 지구의 환경은 나라들이 국경을 나누어 놓은 것같이 나누어서 해결할 수 없다. 환경 문제는 지구 시민이라는 공동 책임감을 느끼고 능동적이고 자발적으로 행동해야 해결할 수 있다. 학교나 부모들이 자녀들에게 지구 시민의식을 심어줘서 함께 책임을 나눠서 지는 성숙한 시민의식을 키울 시점이 왔다. 전 세계를 휩쓸 또 다른 환경재앙이 오기 전 우린 뭔가 책임 있

---

117) 그레타 툰베리 외, 그레타 툰베리의 금요일, 책담.

는 행동을 해야 한다.

풍요 속에 있다고 자원을 함부로 사용하지 말고, 효율적이라고 플라스틱 제품들 쉽게 쓰지 말자. 육식은 더 이상 풍요의 상징이 아니다. 적게 먹고 건강이 어떻게 지켜지는지 생각해 보자.

환경윤리 교육은 현재 세대와 미래 세대가 연대해야 할 중요한 과제다. 기성 세대와 다음 세대 간의 책임 있는 행동과 소통이 이뤄지길 소망한다.

지구촌에 살아가는 사람들은 상호 연관돼 있고
상호의존적 관계속에서 살아가는 존재다.

김영길, 유엔아카데믹임팩트(UNAI) 한국협의회 회장

4
독립육아의 여러 가지 방법들

    자녀가 자신의 재능을 발견해 가고 자기주도적인 삶을 살아가기 위해 선택할 수 있는 여러 가지 교육적 형태들이 있다. 국가주도적인 우리나라에서는 공교육의 길만이 유일한 교육의 방법이라 여기지만 대부분 유럽국가나 미국, 핀란드 같은 선진국에서는 대안 교육이나 홈스쿨링같은 다양한 교육적 형태를 합법적으로 인정하고 있다. 주류를 벗어나는 것은 항상 모험이고 많은 이들로부터 주의할 대상이 되기도 하지만 교육을 생각한다면 한번 생각해 볼만도 하다.

    물론 공교육의 틀 안에서도 독립육아를 할 수 있다. 중요한 것은 부모의 마인드이지 외적 형태에 있다고만 할 수 없기 때문이다. 홈스쿨러들조차 독립육아를 하지 못하고 부모 주도적인 강압적 홈스쿨링을 하는 사람들도 여럿 보았기 때문에 어떤 것도 정답이라고 말할 만한 것은 없다. 어떤 교육 형태든 부모가 판단하기에 감당할 수준의 것이어야 한다. 그래야 평안한 마음으로 교육을 지속할 수 있다. 교육 정보를 제공하는 측면에서 다양한 교육 형태와 교육방법들을 소개한다.

학교 다니며 독립육아 실천하기: 유대인식 독립육아

학교 교과보다 더 중요한 건 내 아이의 재능과 관심사

부모들을 상담하며 학교 교과 따라가느라 시험 성적 맞추느라 아이의 내면에 무엇이 있는지, 어떤 가능성과 재능이 있는지 모른다는 분들을 많이 만났다. 어쩌면 어릴 적 그렇게 자란 어른들이 자신이 자란 것처럼 자녀를 키우고 있어서 그런지도 모른다.

이 땅을 살아가며 사람이 자아를 실현하고 하늘로 돌아갈 수 있다면 얼마나 행복할까?

이제 시대가 변해 먹고사는 문제로 인생 전체를 희생하지 않아도 된다.

부모가 아이의 자아실현에 마음을 써줄 수 있다면 아이는 인생을 하나의 큰 선물로 여기며 살아가게 될 것이다. 학교 교육을 받으면서도 이해한 만큼의 지식에 만족할 줄 알고 자기 내면의 재능과 가능성을 눈여겨볼 줄 알면 학교 교육을 하면서도 독립육아는 가능하다.

학교가 정한 커리큘럼 속에서 정답 찾기 방식의 시험 시스템에 아이를 몰아넣지 않을 마음이 있다면 말이다. 교육시스템에 휘둘리지 않고 불안하기를 거절한다면 충분히 가능하다. 아이가 교과과정을 120% 이해해야 한다는 강박을 벗고, 뒤로 물러나 아이의 내면을 보자. 초, 중, 고 정해진 최고의 학교를 진학해서 유명 대학까지 가는 엘리트 루트를 그대로 밟아야 한다는 부모 생각을 내려놓고 아이의 호기심과 생각을 들어보자. 아이가 관심을 갖고 보는 책들을 살펴보자.

공부가 재능인 아이는 공부하게 하고 내면에서 다른 것에 흥미를 갖는다면 그것을 하게 해주자. 자신의 삶을 살겠다는 아이의 의지가 부모의 선입견에 막히지 않게 하자. 뭘 잘하는지 모르겠다면 그것을 찾을 수 있도록 도와주고, 발견한 것에 도전하도록 격려하자.

아이도 자기 내면에 어떤 능력이 있는지 모른다. 부모도 자기를 다 모르는 것처럼 말이다. '뭘 할지 모르니 그냥 공부하라'라는 말보다 '모르니 찾아보자'라고 말하자. 음악도 들어보고, 운동도 해 보고, 노래도 들어보고, 코딩도 해 보게 기회를 주자. 부모가 자녀 대신 판단해서 자녀 인생을 좌지우지하지 말자. 아이들은 자신의 인생을 살러 이 땅에 온 독립적 인격체다.

유대인은 학교 시스템보다 자녀에게 집중한다

유대인의 경우 독특한 그들만의 문화와 정신을 교육하기 위해 방과 후 그들만의 공동체에 따로 모여 유대인 교육을 시킨다. 여의치 않으면 방학을 이용해 유대인 캠프에 보내기도 한다. 가정에서도 밥상머리 교육을 통해 자녀들과 다양한 주제로 토론한다.

그들은 아이들이 독특하게 자라길 바라고 타인과 절대 비교하지 않는다. 자녀들 사이에서도 장단점을 들추지 않고 각자의 장점을 가지고 성공하길 당부한다. 타인을 유익하게 하는 것이 성공이라 가르치고 사회적 책임에 대해서도 교육한다. 13세에 성인식을 준비시키며 독립적으로 생각하는 법과 경제적 독립을 위해 어린 시절부터 경제 공부도 열심이다. 그들은 자녀가 한 사람의 독립적 인격체로, 그들만의 정체성을 가지고 성장하길 원한다.[118] 그들은 학교교육에 얽메이지 않고 아이에게 집중된 교육을 한다. 아이의 정체성을 지키고 아이만의 재능을 발견해내기 위해 방과후 시간을 적절히 활용한다.

그들은 철저히 독립육아를 해 나간다.

우리 아이가 어떤 정체성을 가지고 어떤 재능을 가지고 성장해 독립하길 바라는가? 가정의 기준을 세워라. 그 기준은 아이의 본연의 색깔을 유지할 수 있는 것이어야 한다. 그 독특함이 빛을 발하게 하는 교육이어야 한다. 그럴 때 아이들은 행복한 인생을 산다.

가까이에 핀란드에 사는 지인이 있다. 학교가 끝나면 아이들은 자유롭게 탐험하러 동네를 누빈다. 겨울엔 눈이 많이 오니 썰매 타기며 이글루 짓기는 기본놀이다. 오후 내내 어떻게 창의적으로 놀지를 궁리한다. 그래도

---

118) 홍익희, 유대인 창의성의 비밀, 행성B잎새. p.235-239

이 나라 아이들은 전 세계 1위 학업 능력을 가진 행복한 아이들이다. 한국의 아이들이 행복을 빼앗긴 어린 시절을 보내지 않길 바라고 도전을 기뻐하는 성인으로 자라길 바란다.

부모가 용기를 가지자. 아이가 자신의 인생을 주도적으로 살게 하겠다고 마음을 정하자. 학교를 갔다 와서 자신의 세계를 만들어 가게 지켜봐 주고 생각을 하도록 도와주자.

자녀교육을 말할 때나 사람을 대할 때 가장 어려운 부류의 사람들은 '해봤는데 안 된다'라는 사람들이다. 그러니 하던 대로 해야 한다는 말이다. 교육도 기존대로, 남들이 하는 대로 학원가를 돌리는 것이 답이라고 말하는 부류의 사람들이다. 더 바르고 건강한 교육이 뭔지 알지만, 자녀의 사회적 성공을 위해 접어둔다는 태도다. 아이가 크면 그럴 수밖에 없었다는 것을 이해할 것이라는 막연한 기대로 아이들을 국, 영, 수 학원 돌리기로 마무리한다.

교육은 한 아이의 인생을 다루는 일이다. 어린 시절 부모의 태도는 그 사람의 평생에 영향을 미친다. 아이 인생을 두고 과도하게 휘두르는 부모의 주도권을 아이에게 돌려주자.

아이가 스스로 선택하고 결정하게 도와주자. 스스로 선택해본 아이가 자기주도적인 삶을 산다. 아이가 학교 안에서도 자기 자신으로 빛나게 도와주자.

홈스쿨링으로
독립육아하기

학교 교과보다 더 중요한 건 내 아이의 재능과 관심사

홈스쿨링이 자유로운 미국의 경우 다양한 이유에 의해서 홈스쿨링이 이뤄지고 있다. 종교적인 이유, 학교의 폭력성과 약물 남용에 대한 불안감, 또래의 압력, 교육적인 필요 등 다양한 이유에 의해 홈스쿨링이 늘어나고 있다. 흥미로운 것은 미국의 최고 리더인 대통령 43명 중 14명이 홈스쿨러였다는 사실이다.[119]

1999년 미국 홈스쿨러 85만 명에서 2009년 200만 명으로 두 배 이상 증가했다. 초기에 홈스쿨을 선택하는 사람 중엔 기독교인들의 비중이 컸고 지금은 다양한 종교인들과 유색인종들, 교육적 필요에 따라 매해 15%씩 홈스쿨러들이 늘어나는 상황이다. 우리나라도 매년 학교를 벗어나

---

119) 정선주, 학교를 배신하고 열정을 찾은 학력파괴자들, 프롬북스. p.260.

는 가정들이 늘어나고 있다.[120] 그러나 이들 중엔 진정한 의미의 홈스쿨을 하는 가정들과 그렇지 않은 가정들이 혼재되어 있다. 부모주도적으로 홈스쿨링이 이뤄지고 있는 자녀는 약 1만 명 정도로 추산될 뿐 정확한 숫자를 알 수는 없다. 한국의 홈스쿨 형태는 외국 홈스쿨링 커리큘럼을 들여와서 그대로 활용하는 경우와 한국 교과과정을 전체적으로, 또는 부분적으로 이용하고 있는 부류로 나뉠 수 있다.

커리큘럼 중심의 홈스쿨링은 기본적으로 사용할 교과과정이 있다는 안정감이 있다. 아이들의 수준에 맞춰 학습 진도를 탄력적으로 운영할 수 있는 장점이 있고, 시간표도 자녀의 상태나 상황에 따라 유동적으로 짤 수 있다. 외국 교과과정은 영어로만 진행되기 때문에 영어를 전혀 모르는 경우는 접근하기 쉽지 않다. 언어를 배우면서 진행할 마음이면 가능하다. 외국 교과과정은 한국에서 진행하더라도 외국 졸업장을 취득할 수 있는 장점이 있다.

한국 교과과정은 접근이 쉽고 활용이 쉽다는 장점이 있다. 대부분의 홈스쿨러들은 한국 교과를 사용하는 데 큰 무리가 없고 짧은 기간 내 한국 교과과정을 마칠 수 있다. 그러다 보니 남는 시간을 활용해 개인적인 활동을 할 수가 있다. 홈스쿨링할 때 기억할 것은 커리큘럼에 집착하면 본질을 잃기 쉽다는 것이다. 커리큘럼 중심의 홈스쿨링은 자칫하면 주입식 학교 시스템을 그대로 가정에 가져올 수 있다. 대부분 부모가 학교 경험이 있다 보니 과거에 배운 대로 아이들을 가르치려고 하기 때문이다. 여전히 정답지상주의 관점으로 자녀에게 정해진 답을 찾는 훈련을 시키고, 부모의 생각에

---

120) 학교 밖 청소년 숫자는 2019년 기준 40만 명. NEWSIS. 2019. 4. 16.

무조건 순응하게 하는 교육을 시키게 될 수도 있으니 조심해야 한다.

학교에서는 학생의 생각이나 관심거리는 크게 중요하게 취급되지 않는다. 그래서 공부를 잘하는 아이들조차 배우는 것에 대한 흥미를 잃는 경우가 많다. 그것을 해결하고자 홈스쿨링하는 것이니 가정에서 주입식 교육을 재현하지 않도록 조심해야 한다.

홈스쿨링으로 독립육아할 때 중요한 것은 '자율과 소통 중심'이어야 한다는 것이다. 다양한 견해와 관점을 알려주고 폭넓게 생각해 보는 것이 중요하다. 한 방향의 지식을 주입하려고 하는 것은 다른 입장을 이해하지 못하게 하며 바람직한 교육이라고 볼 수 없다. 그러한 교육은 편협함을 가져오고 나중에 사회에 적응하는 데 어려움을 준다.

하나의 주제를 놓고 끊임없이 토론하고 더 나은 답을 찾아보고 삶에 연계시켜보는 살아있는 교육을 시켜야 한다. 지식의 암기보다 앎을 위한 공부여야 하고, 졸업장 취득보다 실제 능력을 키우는 공부여야 한다. 그럴 때 아이들은 배우는 것에 대한 흥미와 지식을 습득하는 것에 기쁨을 느끼게 된다.

홈스쿨링을 하며 부모가 명심해야 할 것은 자녀의 독립이 목표라는 사실이다. 자칫 잘못하다가 홈스쿨링이 자녀를 가정의 울타리에 가두려고 하는 경우가 종종 있기 때문이다. 자녀의 재능을 발굴해 주고, 아이가 원하는 학습의 자율성을 보장해 주되 세상과의 소통을 지속해야 한다. 로봇영재 〈준규네 홈스쿨〉의 저자 김지현 씨나 세 아이를 홈스쿨로 잘 양육시킨 김형희 단장도 세상과의 소통을 위해 부단히 노력했다.[121]

사람은 사회적 존재다. 아이들이 사회를 벗어나 살 수 없다는 것을 인식해야 한다. 궁극적으로 아이들이 사회의 건강한 일원이 되어 독립적으로 설 수 있도록 부모는 열린 마음으로 사회와 교류해 나가야 한다.

우리 센터 아이들은 놀이터에서 창의적으로 노는 아이들로 동네에 소문이 나 있다. 어떻게 즐겁게 놀지 궁리하며 동네 친구들을 모은다. 학원이 아니면 모이기가 어렵다는 한국 아이들의 사회성 테두리를 과감히 깬 아이들이다. 학원에 갔다가도 이 아이들이 노는 곳에 들러 함께 노는 단골 놀이 친구들이 생겼다. 아이들은 그렇게 사회화를 이루고 놀이의 즐거움을 공유한다.

홈스쿨 커리큘럼을 진행하는 중간중간 특별한 경험이나 여행들이 커리큘럼 안으로 들어오기도 한다. 많은 홈스쿨러들이 세계 여행을 해 본다든지, 관심 있는 분야의 인턴사원으로 일을 해 본다든지[122], 다양한 공모전에 도전한다든지 나름의 특별한 경험들을 교육 일정에 끼워 넣는다. 그렇게 그들만의 독특한 커리큘럼이 완성되어 간다. 이런 독특한 삶의 궤적이 아이의 이야기되어 대입을 지원할 때라든지, 직업을 선택할 때 아이만의 이력으로 크게 작용하기도 한다. 특히나 미네르바 대학이나 해외 대학의 경우 아이들의 독특한 이력과 역량을 보기 때문에 고교 졸업장보다 힘이 있다. 홈스쿨러 임하영 군은 이런 특별한 이력으로 미네르바의 문턱을 넘었다.[123]

가상현실 세계를 개척해서 오큘러스를 창업한 팔머 러키도 홈스쿨러였고, 췌장암 시트지를 만든 잭 안드라카도 홈스쿨러였다. 이 아이들은 홈스쿨을 하며 자기 영역에 몰입하다가 십 대에 창업했다.

---

121) 김지현, 준규네 홈스쿨, 진서원, 김형희, 우리는 초등학교만 다닌 치과의사, 무용가, 통역 가입니다, 가나출판사.
122) 박임순, 세상이 학교다, 여행이 공부다, 북노마드.
123) 임하영, 학교는 하루도 다니지 않았지만, 천년의상상.

언스쿨링으로
독립육아하기

언스쿨링이라고 하면 흔히들 공부는 하나도 안 한다고 생각할 테지만 그런 개념이 아니다. 언스쿨링은 "자기주도형 교육"으로 자녀의 흥미를 따라 교육이 이루어지는 형태다. 아이들은 유전적으로 학습에 대한 열정을 가지고 태어난다. 태어나자마자 아이들은 세상을 탐험하며 무언가를 배우고 학습한다. 숟가락을 던지는 일을 반복하는 어린아이조차 숟가락을 던지면 떨어진다는 중력을 인지하는 반복 행동을 하는 것이다.

언스쿨링은 학습에는 개인차가 있다는 것을 인정하고, 학교에서 이뤄지는 일률적인 학습진도를 배제하고 아이 각각의 발달 정도에 따라 학습한다. 시험 중심, 평가 중심이 아니라 실제적인 앎이 기준이 된다. 시험 중심이 아닌 것은 홈스쿨링도 마찬가지다. 홈스쿨링과 다른 점은 언스쿨링은 정해진 커리큘럼이 없다는 것이다. 아이의 흥미와 관심이 커리큘럼이 된다. 관찰하고 탐색하는 즐거움을 마음껏 지속할 수 있도록 자유를 준다. 아인슈타인이 "강요와 의무로 아이들이 탐색하는 즐거움을 빼앗지 말라"고 한 것을 기억한다면 언스쿨링은 그것을 잘 반영하고 있는 교육 형태다.

TV 프로그램 '영재발굴단'에 소개된 미술 천재인 한 아이 이야기다. 그가 어릴 적에 그린 그림엔 천재적인 화풍의 독특한 매력을 가지고 있었다. 그러나 학교에 입학 후 다시 취재한 아이는 입시 미술과 교과과정을 따르느라 독특한 영재성이 사라져버린 것이었다. 만약 그 아이가 언스쿨링을 선택했더라면 그 아이만의 화풍을 가진 화가로 일찍 자리매김할 수 있지 않았을까 하는 안타까운 마음이 들었다.

같은 재능을 가지고 있던 아키아나(Akiane Kramarik)라는 아이는 홈스쿨링이 용인된 미국 아이다. 이 아이는 네 살 때부터 말하기보다 그리기가 더 빠른 어린 시절을 보냈고 그림을 그리는 데 시간을 더 할애하기 위해 언스쿨링을 선택했다. 그림에 대한 열정에 빠지면 하루 7시간 이상을 그림 그리는 데 몰입했다. 그녀의 그림 소문을 들은 오프라 윈프리가 9살의 아키아나를 자신의 프로그램에 소개하며 아이는 세간에 알려지게 되었다.

이처럼 언스쿨링은 특별한 커리큘럼이 없이 아이의 재능과 흥미가 커리큘럼이 된다. 정해진 커리큘럼을 따르느라 자신이 뭘 좋아하는지 알지 못하는 틀 안의 삶을 거부한다. 자신의 흥미를 마음껏 추구하고 클 수 있는 장점이 있다. 언스쿨링 아이들은 배움에 대한 두려움이 별로 없다. 원하는 것을 스스로 학습하면 되기 때문이다.

앞서 말했던 〈학교는 하루도 다니지 않았지만〉의 저자 임하영 군도 언스쿨링을 했었다. 스스로 관심 있는 분야를 학습하는데 부모가 특별히 도울 일은 관심을 지속할 수 있도록 정보를 제공하는 정도다. 하영 군은 도서관에서 주로 관심사를 해결했으니 부모가 딱히 해줄 일이 없었다. 언스쿨링을 하는 가정들은 관심 분야의 독서를 하는 것이 학습의 큰 비중을 차지한다. 언스쿨링 하는 가정은 대부분 도서관과 친하다. 도서관에서 책을 빌려볼 수 있는 점도 유용하고 도서관 자체 프로그램 중에서도 이용할 수 있는 다양한 프로그램이 많다. 요즘은 유튜브나 칸아카데미, MOOC 같은 곳을 통해 양질의 수업을 무료로 들을 수 있어서 홈스쿨이나 언스쿨링 하기에 최적의 시대다.

무슨 교과를 언제 학습하고 언제 시험 볼지 신경 쓰지 않아도 된다. 자연스럽게 아이들에게 떠오르는 관심과 열정을 좇아가면 된다.

우리 아들이 어릴 적 매미와 잠자리를 쫓아다니던 때가 있었다. 여름 내내 곤충 도감을 뒤지고 곤충 유튜브를 찾아보고 허물 벗는 곤충들을 찾으러 도심 나무들을 샅샅이 뒤지며 다녔다. 그런 아들을 위해 자연사박물관을 데려가기도 하였다. 여름철마다 그렇게 보내더니 어느새 친구들에게 곤충 박사로 불리게 되었다. 그런 게 아이 스스로 하는 자기주도적 학습이다. 학교나 교과서에서 배우는 한정된 지식보다 훨씬 다양한 관점으로 보고 배우는 자발적 학습, 실제적 학습이다.

언스쿨링 커리큘럼은 아이의 재능과 교육적 흥미

언스쿨링을 할 때 가장 많은 부모가 걱정하는 것은 정해진 교육과정이 없어서 지식의 틈이 생길 거라는 염려이다. 학교 교육과정은 순차적이고 전체적 균형을 맞춰놓은 시스템이니 매력적으로 보이기 마련이다. 그러나 순차적이고 단계적 교육과정은 시험 이후엔 별로 기억에 남지 않는다. 학창 시절 주기율표를 외웠지만, 그것을 기억하는 사람이 몇이나 될까? 수많은 지식이 우리 앞을 지나갔지만, 그것 중 우리 삶에 의미 있었던 지식이 얼마나 될까? 4차산업혁명이 실현되고 있고, 상상력과 창의력이 생존의 문제와 직결되는 시대를 살아간다. 수많은 부스러기 지식을 끌어안고는 새 시대에 살아남기가 어렵다. 수많은 미래 전문가들이 로봇이 상용화되는 시기가 도래하면 인간의 창의성은 기계와 구분되는 결정적 특징이 될 거라 말한다. 아이들이 나라가 정한 교과과정을 얼마나 제대로 밟아왔느냐보다 아이 스스로 익힌 지식을 바탕으로 얼마나 창의적으로 생각해 낼 수 있는가가 더 중요하지 않을까?

만약 이 홈스쿨 부모들이 교과과정을 최우선 했더라면 1,093개의 특허권을 딴 에디슨도, 췌장암 시트지를 만들었던 15세 잭 안드라카도, 텀블러의 CEO 데이비드 카프도 세상에 없었을 것이다.

교과과정에 대한 부모들의 집착을 내려놓는다면 진짜 실제적 배움이 무엇인지 열린 마음으로 보게 될 것이다. 배움이란 지루하거나 좌절감을 주는 것이 아니라 즐겁고 유익하다는 것을 아이들이 알게 될 것이다.

기본적인 학습환경 조성은 필수

언스쿨링은 조건 없는 방임의 교육이 아니다. 일주일 계획을 가족의 리듬에 맞춰 구조화하면 어느 정도 만들어진다. 매일 아침 식사 후 산책을 하고, 특정 요일에 봉사활동을 하고, 수요일에는 홈스쿨러들을 만나는 등의 개성 있는 일정을 짤 수 있다.

학생 중심 학습을 위한 부모의 역할은 기본적인 학습환경을 조성하는 것이다. 우리 센터에 나오는 엄마 하나는 종이를 크기별로 A3, A4, A5를 몇 박스 사서 창고에 구비해 두었다. 아이들이 필요에 따라 사용할 수 있도록 한 것이다. 색종이, 매직, 가위, 접착제, 테이프, 물감, 찰흙, 미술 도구 등을 아이들 손에 닿는 곳에 놓아둔다. 아이들이 인터넷을 통해 정보를 검색할 수 있도록 방법을 가르쳐주고 함께 찾아서 보는 연습을 한다. 아이가 원한다면 문제집이나 학습지도 사용할 수 있다. 수학 영재였던 한 아이는 취미가 수학 문제집 풀기였다.

이런 모든 것은 아이들이 사용할 수 있는 교육적 도구가 된다. 빵을 굽기 원하면 오븐을 준비해 주고, 식물을 키우기 원하면 화분과 삽을 준비해 주면 된다. 도서관, 서점, 꽃집, 시장 어디든 아이들의 호기심이 닿는 곳이 배움의 장소다. 아이의 기질 별로 좋아하는 것이 다르고 찾는 장소도 다르다. 부모는 자녀가 자유롭게 원하는 지식을 추구하게 돕는 역할을 하면 된다. 교육 사상가 호머 레인(Homer Lane)은 '진정한 교육은 외부의 두려움이나 걱정 없이 자기방식, 자기 시간으로 성장하도록 돕는 것'이라고 말했다.

자녀의 발달은 개인차가 많다. 다른 아이와의 비교를 멈추고 개인 발달 시기에 대한 존중의 마음을 가지고 각각의 아이를 대하는 것이다. 언스쿨링은 부모가 아이를 보는 마음이 여유로워야 한다. 끊임없이 일상생활 속에 출현하는 관심거리에 주의를 기울여 주고 조급한 마음을 버리는 데서 성공 여부가 결정된다. 아이의 선택을 믿어 주고 지지하며 함께 살아가는 과정이 교육이라는 생각을 해야 한다. 아이가 무슨 성과를 내는지 집요하게 지켜보고, 강제적인 학습을 시키려고 해서는 교육이 제대로 이루어질 수 없다.

물론 방임형 언스쿨링은 아이를 사회 부적응자로 만들 수도 있으니 특히 유의해야 한다. 이런 방임형 부모들은 자녀를 학교에 보내며 독립육아 하는 것이 낫다.

부모가 관여할 때와 지켜볼 때를 아는 법

언스쿨링 부모들은 깊이 관여해야 할 때가 있고, 깊이 관여하지 말아야 할 때가 있다. 아이들이 도움을 요청할 때, 더 높은 차원으로 도약해야 할 때, 상위 경험들을 위해 다리를 놓아주어야 할 때 부모는 깊이 관여해 줄 필요가 있다. 또 한편으로 아이들이 스스로 배우고 성장할 때, 아이의 방식대로 세상을 탐험하고 있을 때는 관여하지 말고 지켜보아야 한다. 부모가 적당한 거리 두기를 해야만 아이들이 자신만의 방식으로 배우고 독립적으로 성장할 수 있게 된다.

몰입할 시간을 주다

언스쿨링의 큰 장점은 아이가 몰입이 필요한 시간에 충분히 몰입할 수 있다는 것이다. 정해진 시간표에 매이지 않아도 되니 자신이 흥미 있어 하는 분야의 공부나 연구, 운동이나 예체능 활동을 충분히 할 수 있다는 장점이 있다. 이런 이유로 언스쿨링은 예체능을 하는 아이들이 많이 선택하는 교육 형태다.

반면 단점도 있다. 부모와 아이가 창의적으로, 적극적으로 시간 관리를 하지 못할 때 무료한 일상으로 변할 수 있다는 것이다. 능동적으로 학습이나 도전 거리를 찾고 끊임없이 시도하는 열정이 있어야 발전적인 언스쿨링을 할 수 있다.

자기주도성 키우기

요즘 아이들은 성인이 돼도 자기주도성이 떨어져 부모에게 묻고 결정을 대신해 주길 바라는 경우가 많다. 매년 학기 초에 대학교에 걸려오는 적잖은 부모들의 수강 신청 문의가 이런 사실을 방증한다. 대학생이 된 자녀가 자신의 수강 신청조차도 부모를 의지하고 있다는 말이다.

자기주도성은 아이들이 어린 시절부터 스스로 무엇을, 어떻게, 언제, 어디서 해 볼지 결정할 자유를 주면 생겨난다. 스스로 주도적인 결정을 해 본 경험이 없는데 어떻게 자기주도성이 생기겠는가? 아이들이 자기 인생의 주체자가 자신이라는 사실을 인지하고 책임 있는 결정을 해 볼 기회를 주는 교육방식이 자기주도학습형 언스쿨링이다. 아이가 스스로 '자기 인생'이라는 자각이 생길 때 스스로 진지하게 삶의 경험들을 대면하게 된다. 그때까지 부모가 아이의 독립시킬 조력자로 곁에서 코치해 주면 된다.

아이가 스스로 독립적으로 서게 되는 날 부모들의 독립육아가 마무리가 된다.

다양한 형태의 대안학교들

한국의 다양한 형태의 대안학교들에 대한 소개는 생략한다. 부모들의 가치관과 취향에 따라 호불호가 갈린다. 4차산업혁명을 준비하는 미래형 대안학교들도 있고, 음악과 예체능 중심의 대안학교도 있고, 종교적 가치관을 우선시하는 대안학교들도 있다.

어떤 형태가 되었든 아이들의 의견이 반영되고 잠재력이 꽃필 수 있는 대안적 형태의 학교들이길 바라본다. 많은 대안학교들이 재정적 문제나 내부 문제로 존립이 어려운 경우를 많이 보아왔다. 피해는 고스란히 부모와 학생들의 몫이 되는 것을 보며 마음이 아플 때가 많다. 교육은 한 사람의 인생에 지대한 영향을 주는 백년지대계다. 신중하고 조심스러워야 하고 단단하고 일관성이 있어야 한다.

무엇보다 아이들의 인생이니 그들이 주인공이 될 수 있도록 지지하며 코치해 가야 한다.

부모와 학교와 교사가 그 역할을 잘 해낼 수 있길 응원한다.

*대안학교에 대한 정보는 전국대안학교총연합회에서 알아보면 다양한 형태의 학교를 검색해 볼 수 있다(전국대안학교총연합회 http://tnasa. co.kr 기독교대안학교연맹 http://www.casak.org)

5
독립육아 실천기

하예홈스쿨(닉네임)

처음 홈스쿨을 선택했을 때 참 막막했었다. 책 읽고 세미나 갔다 온 몇 번의 경험으로 혼자 홈스쿨링을 시도하며 1년여를 보냈다. 잘 모르는 길, 앞이 보이지 않는 길을 가는 것처럼 불안했었다. 그러다 보니 나도 모르게 몸과 마음에 잔뜩 힘을 주고 하루하루를 보냈다. 하루 스케줄을 하니 안 하니 아이들과 울고불고 난리를 치며 보냈다

그러던 와중에 비전이룸 황금주 원장님을 만나게 되었다.

홈스쿨에 대해 한 수 배워야겠다는 마음으로 만남을 이어가면서 내 안에 조금씩 변화가 일어나기 시작했다.

'내가 교육이라는 것을 잘 모르고 있었구나.'

'나의 사랑법이 잘못됐었구나.'

'아이를 사랑한다는 건 내가 나를 사랑하지 않고는 불가능한 것이었구나.'

나를 있는 그대로 사랑할 줄 알아야 비로소 아이들에게도 진짜 사랑을 줄 수 있다는 것을 배웠다.

매주 부모교육을 받으며 먼저 나 사랑하기 프로젝트를 실천하려고 애를 썼다. 이제껏 인생을 살며 해 보지 않은 일이었다.

거울 보며 "사랑해"라고 말해 주기, 매일 감사일기 쓰기, 가족들에게 감사 표현하기 등 부모교육을 통해 배운 것들을 하나씩 실천해 보았다. 내가 변화되어 가는 모습을 보더니 남편도 덩달아 변화되기 시작했다. 요즘엔 부엌 근처에는 오지도 않던 남편이 요리한다며 두 손 가득 장을 봐오곤 한다. 사랑의 힘인 것 같다.

나를 사랑의 눈으로 보니 아이들도 있는 그대로 사랑스럽게 보이기 시작했다. 옷을 뒤집어 입어도 그것이 패션으로 보이고, 해준 음식에 투덜거려도 불평불만이 아닌 자기주장을 잘 얘기하는 아이로 보이는 신기한 일들이 일어났다. 있는 그대로 아름다운 존재라는 게 마음 깊이 수긍이 되었다. 내가 여유로워지자 아이들도 점점 편안해져 갔다.

어느 날 우리 딸아이가 말하길,

"원장님 만나서 우리가 살았어. 예전에는 엄마가 자주 혼냈는데 지금은 정말 달라졌어."

아이들에게 인정받았으니 이제 진짜 변화된 것처럼 느껴진다.

아이들이 기존의 틀 안이 아닌 틀 밖에서 제대로 노는 방법을 구체적으로 제시해 주시고 각 가정에 맞게 시도해 보도록 격려해 주셔서 내 아이의 개성에 맞는 방법들을 찾아가고 있다.

두 아이가 내면의 잠재력을 찾아가는 모습을 지켜보는 것이 기쁘다.

비전이룸 식구들과 함께 꿈을 꾸고, 각자 꾸는 꿈을 응원하는 공동체가 있는 게 참 고맙다.

아이들이 자기다움을 찾아가는 것을 인정해주고 격려해 주는 사람들이 모인 곳이어서 참 안정감이 느껴진다.

이 공동체를 이끄시는 황금주 원장님께 감사하고, 이 책을 통해 부모들이 자녀교육이 무엇인지 알고, 자신을 찾아가고, 가정들이 살아나길 기대해 본다.

단샘맘(닉네임)

비전이룸을 만나고

초등학교 1학년을 마치며, 큰아이가 공교육과 맞지 않는다는 것을 확인하고, 홈스쿨링을 시작했다. 너무 막연해서 홈스쿨 검색어를 치며 애쓰던 중, 비전이룸을 알게 되었다. 설명회에 참석해 설명을 듣고 나서 원장 선생님이 다가와 손을 붙잡고 말씀하셨다. "같이 합시다!" 그때, 그 느낌을 잊을 수가 없다. 어떤 거부할 수 없는 강한 힘이 붙드는 것 같았다. 나중에 알게 된 것이지만, 그 힘은 원장 선생님이 간절하고도 진실된 마음이었다. 먼저 간 그 길에서의 실수들을 후배들이 답습하지 않기를 바라는 간절한 마음, 부모와 아이를 살리는 길을 함께 걸어가고 싶은 진실된 마음이었다.

그렇게 시작한 비전이룸 공동체.

우선, 부모교육 시간을 통해, 자존감이 바닥을 뚫고 지하까지 내려가 있는 엄마인 나부터 회복하기 시작했다. 일주일에 한 번씩 만나, 엄마들의 상처 받은 내면을 들여다보고, 그 생채기를 같이 꺼내놓고 돌보며, 모두가 함께 웃고, 울었다. 회복될 듯하다가, 다시 좌절하고, 또 회복을 향해 가다가 침체되기를 반복 또 반복하며, 조금씩 그러나 지속해서 내면을 치유해 나갔다. 그렇게 1년여의 시간이 지난 후, 자존감이 회복되어 드디어 나 자신을 사랑할 수 있고, 나를 허용할 수 있게 되자, 비로소 아이들을 제대로 사랑하고 허용하는 일이 가능해졌다. 혼자라면 불가능했거나, 힘들었거나, 너무 오래 걸렸을 엄마의 회복 작업이 이토록 빨리 효과적으로 이루어짐이 가장 먼저 감사한 일이다.

워낙 어릴 때부터 '독특하다, 특이하다' 소리를 듣고 자란 아이들을 키우다 보니, 남들과 다르게 양육할 수밖에 없었다. 자기 주관이 뚜렷하고, 절대 규율에 길들여지지 않는 아이들을 키우다 보니, 이 아이들의 장점을 살리려면, 아이들의 있는 모습 그대로를 인정하고 존중하는 양육이 절대적으로 필요했다. 그러나 한 번도 그런 교육을 받아 본 적이 없는 나에게, 기존의 틀을 벗어난 교육을 한다는 것에 불안해 한 것은 사실이다. 내가 먼저 정하지 않고, 아이들이 궁금해하는 것을 기다렸다가, 아이들이 배우기 원하는 것들을 스스로 정할 때 함께 배워 가는 교육. 배움을 주입하지 않고, 좀 시간이 걸리더라도 아이들 안에서 배움과 깨달음이 일어나게 하는 교육. 그런 교육을 하고 싶었다. 그러나 그래도 되는지 불안했다.

그때, 원장 선생님을 만나 끊임없이 듣고, 교육 서적을 뒤지며 확인했다. 우리 아이들을 자유롭게 키워도 된다는 것을, 우리 아이들을 지금까지와는 다른 방식으로 키워도 아무 문제가 없을 뿐 아니라, 더 행복하고 능력 있는 아이로 자라게 할 수 있다는 것을 말이다. 그리고 실제로 2년여의 시간을 보내며, 자유롭고 허용적인 생활 속에서 아이들이 얼마나 행복하고, 창의적이며 배려 깊은 아이들로 자라 가는지를 보게 되었다.

자녀교육의 기준? 그것은 절대적이지 않다. 기준은 내 아이일 수밖에 없다. 아이 하나하나가 세상 유일한 존재인데 어떤 기준대로 키워야 옳은 것인가? 세상 모든 아이가 서로 다른 고유성을 가지고 태어나기 때문에, 양육은 세상 모든 엄마에게 지금까지 아무도 가 본 적 없는 길이 되어야 한다. 그러나 모두 내 아이의 고유성과 잠재력을 믿기를 두려워한다.

원장 선생님은 그 두려움을 깨주셨다. 엄마인 나를 먼저 있는 모습 그대로 사랑하라고 끊임없이 이끌어 주셨고, 그리하여 뜨인 눈으로 우리 아이들을 있는 모습 그대로 사랑하도록 이끌어 주셨다. 내 아이를 기준으로 과감하게 살아가도록 용기를 주셨다.

나의 양육기는 비전이룸 전후로 나뉜다. 뿐만 아니라, 나의 자존감 또한 비전이룸 전후로 나뉜다. 인생의 큰 터닝포인트를 만나, 아이들도 나도 참 많이 자유로워졌고, 행복해졌다. 진심으로 비전이룸에 감사하다.

03

다우니맘(닉네임)

숱한 밤 잠든 아이의 얼굴을 바라보면서 벅차게 행복했다가도 낮의 잘못했던 내 모습을 떠올리며 눈물짓는 일상. 그리고 내일은 다른 내가 되리라 결심하고, 별반 다르지 않은 또 하루를 보내는 것. 예민한 기질의 첫째 딸아이를 6세까지 외동으로 키우면서 이게 나의 육아패턴이었다.

둘째가 태어나고 상황은 조금 더 심각해졌다. 둘째를 낳아도 첫째를 사랑해 주고 첫째 편이 되어 주겠다는 다짐은 와르르 무너졌다. 바쁜 직장, 야간대학원, 주말에는 교회사역으로 집에 거의 없는 남편 덕에 막 7세가 된 딸과 신생아 아들 두 남매를 주 7일 동안 독박육아하며 화, 짜증, 분노가 많아졌다. 외동딸로 6년 동안 자라면서 싫은 소리 몇 번 안 듣고 사랑만 받고 자란 첫째를 이젠 저의 감정 쓰레기통처럼 여기고, 은근한 죄의식을 심어주는 일이 잦아졌다. 그저 아이들을 위해 해야 할 일들에 치여 하루하루 버티며 아이들에게 조건적인 사랑과 때로는 상처를 번갈아 주고 있었다. 황금주 원장님과 비전이룸을 만나기 전 부끄러운 제육아의 모습이다.

　나는 부모교육을 통해 먼저 자신을 깊숙하게 들여다볼 수 있게 되었다. 내 안의 일그러진 모습을 먼저 대면하고 그런 저를 감싸 안고 사랑하는 것이 건강한 육아의 시작이라는 것을 알게 되었다. 상처투성이인 자신을 뿌리 깊이 솔직하게 인정하고 위로하며 껴안아 주니 비로소 내 아이들이 엄마인 저 때문에 상처받는 모습들이 보게 되었다. 그러고 나니 늘 고치려고 다짐했지만 잘되지 않았던 저의 잘못된 모습들이 차츰 사라져갔다.

　아이들은 참 귀한 존재이다. 자기 자녀는 더 그렇다고 생각한다. 하지만 매일 우리 곁에 있는 아이들의 가치를 엄마인 우리가 함부로 대할 때가 많은 것 같다. 비전이룸 부모교육으로 나는 아이들을 귀한 그 존재 자체로 사랑하는 법을 알게 되었다. 그 후에는 정말 사랑한다는 것이 무엇인지 절절하게 알게 되고 진정한 사랑을 주는 엄마의 모습으로 회복돼 가고 있다.

　누구에게나 육아는 어려운 일인 것 같다. 우리가 스스로 기대하는 것처럼 완전하지 못하기 때문이다. 자녀를 잘 키울 수 있는 유일한 방법은 나를 먼저 사랑하고 서로 사랑하는 것이라는 당연하지만 어려운 자녀 양육의 진리를 비전이룸 공동체를 통해 알게 되었다.

　참 감사하다. 이걸 알고 나서 제가 많이 달라졌기 때문이다. 전처럼 과거나 미래에 얽매이지 않고 현재를 산다. 지금 이 순간 아이들과 행복한 것에 집중한다. 그리고 다른 사람들의 시선으로부터 자유롭다. 남을 판단하지 않고, 낮았던 나의 자존감이 조금씩 회복되었기 때문인 것 같다. 그러니 내 아이들도 남을 판단하지 않고 눈치 보지 않으며 자신을 사랑할 줄 아는 건강한 자아를 갖게 될 거라 믿는다.

　그런데도 연약한 인간이기에 앞으로도 많은 날을 아이들과 따로, 또 같이 넘어지고 흔들릴 거라 생각한다. 하지만 그동안의 교육을 통해 든든하게 세워진 내면의 힘이 금방 훌훌 털고 일어나게 해줄 거라 믿는다. 나와 우리 가정을 변화시킨 이 독립육아 교육법이 각 가정에 향기롭게 스며들기를 바란다.

04

샘플마마(닉네임)

내 아기가 태어났다. 나 잘난 맛에 오로지 나 중심으로 살아오던 나에게 이전에는 없던 책임감과 모성애가 불끈불끈 타올랐다.

이 작고 어린 소중한 아기를 행복하게 잘 키워보리라 다짐하며 육아 베스트 셀러였던 수유와 수면 습관 길들이기 방법을 알려 주는 책부터 읽기 시작했다.

어라? 왜 책대로 안 되는 거지? 왜 내 아이는 이토록 안 먹고 안 자고 매우 예민하며 까칠한 거야? 수유와 수면 문제를 해결하려고 내가 민감해가는 사이 내 아이의 눈빛과 요구에 무뎌지고 아이를 존중하기는커녕 책대로 안 된다며 온갖 스트레스를 받고 있었다.

교육에 관한 생각이 많아질 때쯤 비전이룸 황 원장님을 만났다.

"아이를 독립된 인격체로 존중해야 합니다."

"아이의 독립심이나 자발성을 키우기 위해 아이에게 통제보다는 선택권을 주고 아이의 마음을 존중해 주세요."

아, 잊고 있었다. 육아서에서 반복되고 있던 아이 존중과 배려를 다시 일깨워 주셨다.

나도 이렇게 당당하고 멋지고 자기주도적이며 창의적이고 행복한 아이로 키워보겠어!

아이가 자고 싶을 때 자게 했고, 놀고 싶은 만큼 실컷 놀게 했고, 설거지하고 싶다고 하면 물바다를 만들지라도 스스로 흡족해할 때까지 설거지할 수 있게 내버려 두었다.

아마도 홈스쿨을 했기에 마음껏 아이의 시도와 몰입을 지켜볼 수 있었던 게 아닌가 싶다.

어느 날은 하늘을 보며 차에서 자고 싶다고 해서 이불을 싸 들고 하늘을 보며 자동차 뒷좌석에서 잠들기도 했다. 아직 차가운 4월의 바다에 들어가 보고 싶다고 했을 때도 말리지 않았다. 아이가 허리까지 들어가 바다의 차가운 온도를 직접 느껴보게 했다.

다른 집에 비하면 규칙이 적고 아이 의견을 수용해 주니 아이는 빠른 실행력과 직감력을 가진 아이가 되어갔다.

미술관에 가서 인상적인 작품에 꽂히면 그 작품만 몇 시간이고 보는 통에 수십 가지의 다른 작품은 보지 못한 적도 있다. 입장료가 아까웠지만 아이는 몇 년이 지난 지금도 그 작품을 세밀하게 전부 다 기억한다.

아빠의 차를 세차해 주겠다는 어린 아들의 마음이 귀해서 허락해 줬더니 자동차 위에 올라가 작은 몸집으로 세차를 해내기도 했다.

인정해주는 만큼 집중력이 점점 강해져 갔다. 저녁부터 시작된 만들기가 다음 날 아침까지 계속된 적도 많다. 아이가 배가 고프다고 자고 있던 나를 새벽 3시에 깨워 밥을 차려 준 적도 여러 번이다. 아이의 건강이 걱정되기도 했지만, 목표가 있으면 다른 사람의 눈치를 보지 않고 몰입하고 즐기는 아이가 되길 바라서 그냥 지켜보았다.

우리 집 앞은 온 동네 아이들의 아지트다. 동생과 함께 온갖 폐기물(바이올린, 기타, 프린터기, 밥상, 책장, 소파, 의자, 매트)들을 끌고 와서 비밀 기지 아지트를 만들었다. 이제 이곳에서 아이들의 상상력이 자라고 있다.

커다란 책장이 배송되면 아빠가 아닌 아이가 직접 조립해 볼 수 있도록 했다. 드릴을 사용할 줄 알게 되자 웬만한 조립은 다 해낼 수 있었다. 마음속으로 이런 게 몬테소리 교육이고 이런 게 메이커 교육이지 생각하며 혼자 흐뭇해한다.

열한 살 친구들이 이런저런 학원을 순례할 때 내 아이는 자기가 만든 모터보트에 들어갈 건전지를 비교 분석하느라 한두 시간을 아낌없이 썼다. 이 아이에게는 상상하며 뭔가 만드느라 하루가 짧다. 엄마에게 뭔가 요구하느라 징징거릴 시간이 없다. 아이는 점점 독립적으로 변해 가고 있다.

8살 때까지도 주위 사람들이 다 인정한 예민하고 까칠한 아이였다. 물이 무서워 욕조에도 들어가지 않던 아이, 진공청소기 소리가 크다고 돌리지 못하게 하던 아이, 친구 집에 가도 어울리지 못하고 엄마 옆에 붙어있던 아이가 이젠 모험심이 넘치는 아이가 되었다. 동네 친구들이 학원에 가다가도 보고 가는 친구 부자인 아이가 됐다. 워터파크 스릴 만점 놀이기구를 즐길 줄 알고, 만드는 건 뭐든 도전해 보려는 아이가 되었다. 어려운 아이를 도와줘야 한다며 립밤을 만들어 판 돈을 기부할 줄 아는 아이가 되었다.

요즘 아들은 3D프린터에 빠져 있다. 작년 3학년 때까지만 해도 종이접기, 페이퍼빌드, 박스로 총, 검 만들기에 빠져 있더니 지금은 3D프린터로 옮겨갔다.

학원에서 중고등학생 형들 반에 들어가 3D모델링 수업을 듣고 도면을 짜고 출력을 해서 자기가 원하는 것을 만든다. 어찌 저걸 해내지 싶은데 아이는 즐거워서 함성을 지른다. 아이는 내년에 국가 공인 자격증인 3D프린터 운용 기능사를 딸 계획이라고 한다.

엄마인 나는 딱히 잔소리할 일이 없다. 아이가 스스로 할 일을 찾아야 한다. 게임이나 유튜브를 보지 않아도 하고 싶은 게 너무 많다.

요즘 건강한 어른으로 독립하게 하려고 내가 신경 쓰는 것은 '집안일 함께 하기'다.

어려서부터 쌀 씻어 밥 짓기, 계란 후라이, 라면 등 먹고 싶은 게 있으면 스스로 요리하게 했다. 과일 깎아 먹기, 빨랫감 세탁기에 돌리고 개어놓기도 아이들 담당이다. 앞으로 더 많은 집안일을 나누어 함께 하려고 한다. 스무 살이 되어 독립해 혼자 살아도 삶의 질이 떨어지지 않도록 스스로 집밥 해 먹는 데 문제가 없도록 연습해 나갈 생각이다.

아이를 믿고 아이의 생각을 존중해 준 나의 노력과 일상 속의 작은 경험들이 건강한 인격체로 독립해 나가는 데 도움이 되리라 생각한다. 세상이 뭐라고 하든지 나는 나와 우리 아이에게 가장 잘 맞는 길을 가고 있다.

그리고 참된 배움은 아이 스스로 원할 때 그리고 능동적으로 임할 때 이루어진다고 생각한다. 불안했던 마음이 점점 믿음과 소망으로 바뀌어 가고 있다. 함께 가고 있는 비전이룸 식구들이 있어서 더 마음이 편안한 것 같다.

지금까지 해왔던 것처럼 도전하고 모험하고 실험하며 아이들과 행복하게 살고 싶다. 아이들이 펼쳐 갈 세상이 기대된다.

05

작은 제자(닉네임)

황 선생님과 만남은 내 인생의 새로운 페이지의 시작이었다.

그동안 기독교 집안에서 올곧게 아이들을 양육해왔다고 생각해 왔지만, 막상 아이와 갈등 상황에 부딪혀 훈육하다 보면 방법적인 부분에서 회의도 느껴지고 바른 훈육을 했다고 생각했는데 그 관계가 오히려 퇴보하는 모습을 보며 답답함이 참 많았다. 선생님과 만남으로 아이와 나를 더 죄인의 정체성이 아닌 회복된 하나님의 자녀로 긍정적 관점으로 볼 수 있게 되었다. 또한, 나 자신의 과거와 무의식 속에 숨겨져 있는 부정적 이미지를 버리고, 있는 모습 그대로 사랑스러운 나를 만나게 되었고, 나아가 진정한 가정의 모습이 무엇인지에 대해서도 새로운 시각을 가지게 되었다. 아이와 나의 존재적 가치를 인정하고, 독립적이고 진취적 관점으로 인생을 바라보게 되었다.

선생님과 만남을 통해 나의 틀 안에서 자녀를 양육하는 것이 아니라 아이 안에 숨어있는 재능이 발휘될 수 있도록 도울 수 있었다. 독특한 아이만의 오리지널 디자인으로 성장할 수 있도록 부모가 어떠한 자세와 생각들을 가져야 하는지 더 깊이 생각하게 되었고, 더불어 가정의 분위기도 많이 바뀌었다. 한 사람 한 사람을 존재 자체로 귀하게 여겨 주는 분위기, 다양한 생각들을 수용하는 분위기, 일방적인 훈육이 아니라 소통하는 분위기, 아이들의 자율성이 강조되는 분위기 등 가정의 변화가 참으로 따스하고 감사하다.

센터에서 아이들과 교사들을 대하는 선생님의 모습을 보면 참으로 본보기가 될 때가 많았다. 한 사람 한 사람 연약함이 있지만, 약점보다는 존재 자체와 강점을 귀하게 여겨 주시고 성장하도록 격려해 주시는 모습은 그동안의 다른 리더들과는 달랐던 것 같다. 인격도 실력도 영성도 너무 멋지신 선생님의 삶이 참 많이 감동된다. 특별히 자녀 양육과 미래 교육에 관해 매주 오픈 강의를 통해 자녀 양육과 미래 교육의 방향성에 대해 많은 인사이트를 얻을 수 있었는데 이번에 출간되는 선생님의 책은 이러한 부분을 더 깊이 있고 종합적으로 알 기회가 될 거라 생각한다. 우리 가정에 일어났던 변화가 이 책을 읽는 독자들에게도 동일하게 전해져서 가정의 회복과 건강한 다음 세대로 나가는 계기가 되길 바란다.

인간에게 한 번의 삶이 주어진다는 것이 얼마나 소중한 것인지, 그래서 조심스레 살살 한 걸음씩을 옮기며 걸어왔다. 신이 어느 날 등을 떠밀며 진취적으로 살라고 내모는 경험을 했다. 그것은 아픔이었고 눈물의 경험이었다. 그렇게 고통 속에 크게 한 걸음을 옮기고 나자 상황이 변하고 감사가 물밀 듯 몰려왔다.

드디어 아이들에게 도전적이고 진취적으로 자신의 삶을 개척하라고 말할 수 있게 되었다.

자기 삶에 한계를 두지 말라는 말이 내 구체적인 일상의 모습이 되었다. 아이들의 내면에 잠재력이 숨어있다는 것을 온 마음으로 믿게 되었다.

인간의 내면에는 신을 닮은 창조성이 숨어있다. 인간으로 태어나 부모의 생각과 사회가 보내는 인간 한계에 대한 끊임없는 암시로 우리는 우리가 얼마나 큰 잠재력을 가진 존재인지 알 수 없게 되었다. 그 잠재력을 믿고 내디딘 사람들이 인류 문명을 여기까지 발전시켜 올 수 있었다. 그 소수의 사람은 한계 두기를 거부했고 끊임없이 도전하고 사고했다. 그들은 이전 도전자들의 업적을 발판으로 삼아 더 크게 뛰어올랐다.

한계를 뛰어넘은 사람들의 삶을 귀하게 볼 수 있는 시각이 생기고 나자 누구나 그럴 가능성과 잠재력을 가지고 있다는 것도 믿게 되었다. 그들은 우리와 다르지 않았다. 우리 같은 감정과 의지를 가진 사람들이었다.

아이들을 향해 교육자가 해줄 수 있는 가장 큰 일 중 하나가 그들을 믿어주는 것이다. 그들의 모습이 어떠하든, 어떠한 일을 했든 그들의 내면에 강인함과 사랑을 간직한 신의 자녀라는 생각을 잊지 않는 것이다. 그렇게 신뢰 해주는 누군가를 만나면 아이들은 자기 자신을 믿고 무언가를 도전하고 성취해 낸다.

교사의 가장 큰 역할은 동기부여다.

4차산업혁명시대에 교사로 산다는 것은 지식을 가르치는 것이 아니다. 아이들의 삶에 끊임없는 동기를 유발하고, 삶의 에너지를 주는 것이다. 그들이 얼마나 가치 있는 존재들인지, 얼마나 위대한 일을 해낼 수 있는 인물들인지 재차 확인시키는 것이다. 앞서간 사람들의 삶을 알려주며 도전하고, 아이들 내면의 잠재력을 끄집어낼 수 있게 하는 것이다.

나는 이 작업을 엄마들에게 먼저 시도했고 엄마들이 드디어 자신이 누구인지 알아채기 시작했다. 각자의 개성 있는 모습이 얼마나 아름다운지 인정하기 시작했다. 더 자신을 자책하며 스스로 모질게 대하지 않았다. 자신을 사랑하는 방법을 알게 되고 그와 동일한 가치로 타인도 돌아보게 되었다. 그 기간 함께 울고 함께 웃었다.

그리고 이젠 자신의 모습으로 서 있는 것이 자연스럽고 단단하다. 이러한 회복은 아이들의 회복으로 이어졌다. 아이들은 해맑고 개성 있는 존재로서 빛난다.

내 게 또 한 번의 인생이 주어진다면 스스로 어떤 한계도 두지 않는 삶을 여러 서부터 살고 싶다. 그러기에 난 오늘도 아이들에게 외친다. 너희는 대단하고 놀라운 존재라고 말이다. 그러니 꿈꾸고 싶은 모든 꿈을 꾸고, 도전하고 싶은 모든 것을 시도해 보라고 말이다.

4차산업혁명이 실현되고 있고 시대는 빠르게 변해 간다. 두려움으로 맞이할 것인지 기대함으로 맞이할 것인지는 우리의 선택이다. 부모인 나는 내 아이에게 미래를 두려워하라는 메시지를 주고 싶지 않다. 아이들이 개척해 나갈 수 있고 변화시켜 나갈 수 있다. 그러니 자신을 믿고 더 나은 사회로 만들라고 말한다. 두려움에 갇히면 시야가 좁아지고 해결책을 찾기는 더 어려워진다. 자신의 내면에 선한 양심을 지키며 시대를 당당히 걸어 나가라. 남들을 비판하며 판단하려는 마음은 내려놓고 좀 더 나은 세상을 만들기 위해 자신이 해야 할 일에 집중하라고 말하고 싶다.

인간은 이 땅에 올 때 각자 해야 할 몫이 있다고 믿는다. 남 탓하며 비판하는 데 시간을 낭비하지 말자. 각자의 몫을 살아내도록 서로를 격려하자. 그들도 그들의 인생을 살아낼 자유가 있고 그러해야 한다. 나와 반대편에 서 있는 사람이라 할지라도 적이라는 생각하지 말자. 그도 그의 인생을 살아내는 중이다.

인간은 누구나 자신의 존재로 빛날 수 있다. 남을 짓밟지 않고 서도 말이다. 그러니 두려움에 붙잡혀 자신의 빛을 소멸하지 말자.

이 땅의 삶은 신이 내게 준 기회이고, 창조적으로 살아 보라고 준 선물이다. 빛나게 살아 보자. 자신도 자녀도 존재만으로 아름다운 빛이다.

이 책을 쓰는 내내 함께해준 남편 덕에 무사히 마칠 수 있었습니다. 남편의 지지가 없었으면 엄두를 내지 못했을 것입니다. 지면을 빌어 감사와 사랑을 전합니다.

실험 육아라 불릴 만큼 열심히 여러 교육을 접목하느라 지난 십여 년 나도 바빴지만, 나의 두 아이도 고됐습니다. 그런데도 믿고 따라와 줘서 지금껏 할 이야기가 있는 교육자로 살 수 있었습니다. 두 아이에게 고마움과 사랑을 전합니다.

책이 나올 수 있도록 물심양면으로 도와준 김태윤 작가님과 여러 모양으로 도와준 봄들애 강환규 대표님, 박서윤 이사님, 조영석 태표님께도 감사를 전합니다.

나를 위해 기도해주는 친정 가족들에게도 감사와 사랑을 전합니다.

많은 연세에도 여전히 정정하시고 가정의 정신적인 기둥이 되어 주시는 시어머님께도 감사를 전합니다. 항상 미소로 대해 주시는 시댁 식구들에게도 감사를 전합니다.

함께 울고 웃으며 회복되고 내 삶의 의미가 되어 준 비전이룸 어머니들께도 감사를 전합니다. 항상 그 자리에서 든든히 수업을 이어가 주시는 선생님들께도 감사를 전합니다.

전화로 나의 안부를 물어 주는 졸업한 제자들에게 감사와 사랑을 전합니다. 너희들은 이 땅에 온 신의 선물들이다.

그 외 저를 기억하시고 사랑해 주시는 분들께 감사와 사랑을 전합니다.

부족한 책을 읽어 주신 독자님들께도 감사와 사랑을 보냅니다.

모두에게 신의 축복이 가득하길 기원합니다.

감사의 마음을 간직하며

황금주